Lektüre für die Grundschule

Bettina Rinderle

Das wilde Wartezimmer

Ernst Klett Verlag
Stuttgart · Leipzig

Für Leo und Theo und alle tollen Kinder dieser Welt!

Lektüre für die Grundschule

Bettina Rinderle

Das wilde Wartezimmer

Klett

Dies ist ein Kinderbuch,
das aus dem Regal fällt,
weil es so anders ist...

Wie kam es zur Freundschaft
zwischen Drache und
Glühwürmchen?
Wie fühlt sich
ein durchsichtiges Mädchen?
Wer rettet das verstopfte
Pupsmonster?
Wie lebt eine
Gespensterprinzessin,
die bei Tagslicht zerfällt?
Warum gibt ein Meisterdieb
seine Lizenz ab
und wird zum Undieb?
Wird sich für einen Roboter
der Lebenstraum vom
Schwimmen erfüllen?
In ihrer Mitte
Doktor Frohmut,
der auf der Schaukel sitzt,
Bücher in die Luft wirft
und nach Lösungen sucht.
Wer sein „Wildes Wartezimmer“
besucht, wird eine Menge
Überraschungen erleben...

Die Patienten

Die Behandlungen

Die Patienten

Das Haus in der Spechtgasse 17

Das Schild ist nicht besonders groß. Es steht in der Spechtgasse 17 in einem verwilderten Garten mit Büschen und Bäumen und vielen bunten Blumen. Natürlich nur im Sommer. Im Winter sitzen die Raben auf dem Schild und vertreten sich die kalten Füße. Um den Garten herum ist ein Holzzaun, blau angestrichen. Und hinter dem Schild auf einer Wiese voller Gänseblümchen und Hahnenfuß sieht man das Doktorhaus.
Keiner weiß, was man davon halten soll. Gestern hat einer gesehen, dass die Fensterläden wie große Ohren aussahen. Ein anderer meinte, man könne ganz seltsame Töne hinter den Wänden hören. Mal klingen sie schrill wie eine Sirene und mal wie eine hübsche Melodie.
Die Nachbarin aus der Spechtgasse 19, Frau Gutwisser, behauptete sogar, es gäbe keine Haustür, nur ein großes Maul mit Zähnen. Und wer einmal durch das Maul hineinginge, käme nie wieder heraus.
„Also, das ist gelogen!“, protestierte der Gärtner aus der Spechtgasse 18 von gegenüber. „Ich sah schon viele jammervolle Gestalten hineingehen, aber irgendwann kamen sie alle wieder heraus. Manche lächelten sogar und machten einen Luftsprung. Allerdings“, gestand er, „bisweilen leuchtet die Villa nachts geheimnisvoll wie eine Raumstation!“
„Das stimmt!“, sagte der Zeitungsausträger Alois Hopper. „Wenn ich die ‚Morgenpost‘ austrage, habe ich das Licht auch schon bemerkt. Und ab und zu sehe ich den Doktor in einer Hängematte zwischen den Bäumen schlafen.“
„Vielleicht hat er kein Bett?“, überlegte Frau Gutwisser und runzelte die Stirn. „Er verlangt ja wohl kein Geld für seine Behandlungen!“
Darüber schüttelten nun alle drei die Köpfe. Wie sollte

man auch bloß ohne Geld leben? Undenkbar.

„Ich meine, sein Wartezimmer ist noch verrückter“, ergriff der Gärtner wieder das Wort. Alle schauten ihn neugierig an. „Na ja“, fuhr er fort, „es gab Berichte von Gespenstern!“ Dabei dehnte er das Wort in die Länge, bis sie alle eine Gänsehaut hatten. „Außerdem flogen Stühle durch die Luft. Und es tat sich ein tiefes, schwarzes Loch auf, mitten im Teppich!“, schloss er. Alle fröstelten.

„Ich glaube, da gehen nur Kinder und Verrückte hin, ich jedenfalls nicht!“, sagte Frau Gutwisser entschieden. Alle nickten nun kräftig. Darin waren sie sich einig.

Das Wartezimmer

Susi Schabernack – die Sprechstundenhelferin

Susi Schabernack, die Sprechstundenhelferin, schloss die Fenster im Wartezimmer, die sie zum Lüften geöffnet hatte und ging an ihren Empfangsplatz. Ihre roten Wirbelhaare wippten, ebenso wie zwei lange Federn, die spitz aus ihren Locken herausschauten. Oder waren es Antennen? Sie hatte große runde Augen, die aus den Höhlen hervortraten wie zwei Tischtennisbälle, mit denen sie gleichzeitig nach oben, unten, rechts und links gucken konnte. Die bunten Punkte auf ihrer Nase schienen bei jedem Schritt zu tanzen. Sie biss krachend in einen Apfel und drückte gleichzeitig die Starttaste auf ihrem Computer.

Es war ein ungewöhnlicher Computer. Er war größer als die flotten, flachen Notebooks, die es heute gab. Man könnte sagen, er war zweistöckig. Im Erdgeschoss gab es die normale Tastatur, aber schräg darüber, wie auf einem Tablett, waren bunte Knöpfe und Schalter mit unterschiedlichen Symbolen angeordnet.

Als die Kontrollleuchte rot strahlte, drückte Susi Schabernack den linken oberen Knopf auf der Schalttafel. Im gleichen Moment schnurrten an allen Fenstern die Rollos herunter. Sekundenlang war es pechschwarz im Raum. Doch kurz darauf leuchteten an der Decke Dutzende winzige Glühbirnchen wie ein Sternenhimmel.

Susi nickte zufrieden und schaltete den Knopf wieder aus. Sie biss in ihren Apfel und bediente nun einen gelben Schalter mit Stuhlsymbol. Im gleichen Augenblick fingen im Wartezimmer alle Sitze, Stühle, Hocker, Sitzbälle, Sitzkissen, das Schaukelpferd und die Hängematte leise an zu zittern. Dann wurde das Zittern stärker. Die Stühle rüttelten, schüttelten und rumpelten. Das Sofa schwankte. Das Schaukelpferd fing wie besessen an zu galoppieren

und die Hängematte überschlug sich fast. Susi klickte den Schalter zurück. Sofort standen die Möbel still, unschuldig und brav, als hätten sie sich nie bewegt.
„Okay, das klappt prima“, sagte sie laut zu sich selbst und biss erneut in ihren Apfel. Als nächstes zog sie an einem langen Griff. Sofort purzelten lauter Kopfhörer von der Decke und baumelten über den Sitzen, so wie es in den Flugzeugen immer mit den Sauerstoffmasken gezeigt wird.
Susi hatte nichts auszusetzen. Sie kontrollierte noch die Abenteuerkabinen mit den Simulatoren. Dann ging sie zu einem Stand neben der Tür und begann, in einem Mixer allerlei Früchte, Nüsse, Kräuter und Gewürze zu einem Saft zu mischen. Das war der ‚Zaubertrank‘ für die Patienten. Sie probierte in einem kleinen Glas das Ergebnis, seufzte: „Himmlisch!“, und goss sich das Glas noch einmal voll.
Nun konnte die Sprechstunde beginnen.

Der Behandlungsraum

Fidelius Frohmut – der Doktor

Susi Schabernack klopfte an die Tür zu Doktor Frohmuts Behandlungsraum. Zunächst rührte sich nichts. Die Tür hatte keine Klinke, die sie hätte drücken können. Doch plötzlich schwebte sie knirschend und quietschend wie eine Zugbrücke herunter. Susi betrat das an zwei Ketten befestigte Türblatt und rief durch einen dunklen Gang in das dahinter liegende Zimmer: „Es ist alles kontrolliert, Doktor Frohmut. Wir können anfangen."

„Prima!", rief der Doktor von seinem Platz aus und schob die Post zur Seite. Die vielen kurzen Zöpfchen, die von seinem Kopf abstanden, wackelten. Er setzte seine Pappnase auf. „Ist Simulatorkabine zwei repariert?", fragte er. Das war die Kabine mit der Raumfahrt.

„Es ist alles in Ordnung. Der Elektriker war da", antwortete Susi Schabernack.

„Ich glaube, wir dürfen sie nicht zu oft benutzen, die CD ist schon ziemlich verkratzt", meinte der Doktor.

„Gut, dann nehmen wir öfter Kabine drei ‚Allein im Urwald', die ist auch ziemlich beliebt", erwiderte Susi, trat von der Zugbrücke zurück und setzte sich an ihren Empfangsplatz. Ihre grün lackierten Fingernägel glitzerten wie ihre Augen.

Der Doktor zupfte seine Krawatte mit den blauen Punkten zurecht und überprüfte seinen Schreibtisch. Dieser hatte auf der einen Seite eine lange Reihe von Tasten wie ein Klavier. Auf dem restlichen Tisch stand ein Aquarium, so groß wie eine Badewanne.

Mit einem Schäufelchen schnippte er etwas Fischfutter ins Wasser und brummte zustimmend, als unzählige Wassertiere, Krebse, Barsche, Schleierschwänze und bärtige Welse aus ihren Verstecken glitten und lospaddelten, um die blitzenden Brocken zu schnappen.

Der Doktor schien ihre Sprache zu sprechen. Denn als er leise durch die Zähne pfiff und ein wenig zischelte, versammelten sich alle Schwimmtiere wie auf ein geheimes Zeichen in einer Ecke des Aquariums und blickten ihn aus blanken, schwarzen Augen an.
„Seid ihr bereit? Die Sprechstunde geht gleich los!"
Es schien, als nickten sie alle. Zumindest sah es so aus, als sie heftig mit Flossen, Beinen und Barthaaren wedelten. Der Doktor war zufrieden, griff ins laue Wasser und tätschelte die zuoberst schwimmenden Fische wohlwollend.
Danach prüfte er noch ein paar Apparate, füllte das Glas mit den Regenwürmern auf, die aussahen wie Regenwürmer. Sie waren aber aus Zuckergummi. Er wollte sich gerade auf seine Schaukel setzen, als das Telefon klingelte. Er wurde dringend zu einem Patienten gerufen.
„Lass unsere Patienten schon mal ins Wartezimmer. Ich muss noch einen Hausbesuch machen, bin aber bald wieder da!", rief er Susi Schabernack zu und eilte mit seiner Arzttasche davon.
Es war der 3. Juli, acht Uhr drei.

3. Juli, acht Uhr sieben

Robbi Blechkopf – ein Roboter

Professor Daniel Düsel hatte ihn erfunden. Ihn, Robbi, einen inzwischen acht Jahre alten Roboter. Als er fertig gebaut war, sollte er lernen, alles zu können, was Kinder normalerweise können, also: Zähne putzen, Fußball spielen, Schuhe anziehen, schaukeln, lachen, weinen, Kaugummi kauen, sich verstecken und vieles mehr.
Robbi wurde damals in Professor Düsels Labor zusammengeschraubt und -gelötet. Zwischen Computern und Maschinen ging er seine ersten Schritte und sprach seine ersten Worte: „Ich bin ein Kinderroboter!"
Robbi lernte schnell. Mit vier Jahren konnte er schon pfeifen wie die großen Jungen auf dem Sportplatz. Mit fünf Jahren konnte er mit Messer und Gabel essen. Mit sechs Jahren fuhr er auf dem Einrad geschickter als ein Zirkusclown. Er schoss Tore, aß Regenwürmer als Mutprobe, kletterte auf Bäume und war im Rechnen schneller als Jonas in der 4. Klasse.
Er wohnte in Professor Düsels Haus und teilte sich das Kinderzimmer mit dessen beiden Söhnen, Max und Toffel. Von den beiden lernte er vor allem, wie man Streiche spielt ohne entdeckt zu werden. Er konnte genauso unschuldig gucken wie die beiden, wenn beim Abendessen mittendrin in der Salatschüssel zwei dicke Schnecken saßen oder wenn Max und Toffels Mum – so nannten sie ihre Mutter – in ihrem Zahnputzglas eine fette Spinne fand. Am schönsten war der schrille Schrei, mit dem sie rief: „Igittigittigitt! Wer war das schon wieder?"
Aber eigentlich war die Frage überflüssig, denn sie wusste ja, dass es einer von den dreien oder alle drei zusammen gewesen sein mussten.
Heimliches fand Robbi besonders spannend. So tranken er und seine beiden Geschwister heimlich aus Professor

Düsels Weinglas, während er die Abendnachrichten sah und sie schon längst im Bett liegen sollten. Ein anderes Mal schleckten sie heimlich alle vierundzwanzig Eis am Stiel – das war der Vorrat in der Gefriertruhe – und mussten dann allerdings auch ein leichtes Bauchgrummeln verheimlichen.

Ja, Streiche und Heimlichkeiten liebte Robbi sehr, zumal er selbst ein Geheimnis hatte, um das ihn Max und Toffel sehr beneideten. Da, wo die Menschen ihre Rippen haben, war bei ihm zwischen den Metallplatten ein Hohlraum. Wie eine kleine Schublade. Dort versteckte er zum Beispiel Mums Autoschlüssel. Und wenn sie wie wahnsinnig suchte, legte er ihn heimlich in ihre Stöckelschuhe.

Er grinste dann hinter seiner Metallhand, sobald sie hektisch rief: „Na so was, wie konnte ich den Schlüssel in die Schuhe legen? Ich kann mich überhaupt nicht mehr daran erinnern!“

In seinem Hohlraum-Versteck bewahrte er noch etwas anderes, Kostbares auf, und zwar sein Zauberwort. Oder besser: sein Mutwort. Auf einem klein zusammengefalteten Zettel konnte man lesen:

D A S C H A D U
(Das schaffst du)

Immer wenn er vor einer schwierigen Aufgabe stand, holte er den Zettel aus dem Geheimkästchen, faltete ihn auf und sprach feierlich: „Daschadu!“ Und meistens gelang ihm auch nach einiger Anstrengung, was er erreichen wollte.

Vor sechs Wochen aber half ihm sein Zauberwort nicht. Er konnte es noch so fest und flehend sprechen, es wollte

einfach nicht klappen. Er konnte nicht *schwimmen*, so sehnlichst er es sich auch wünschte.
Max und Toffel besuchten im Juni einen Schwimmkurs und Robbi begleitete sie. Er musste aber am Beckenrand sitzen bleiben. Die beiden hatten anfangs schreckliche Angst vor dem tiefen Wasser. Das zeigten sie zwar nicht, aber sie erfanden dauernd neue Ausreden, um nicht ins Wasser zu müssen. Fred, der Schwimmlehrer, blieb ungerührt. Er gab ihnen Bälle, Ringe und Schaumstoffschlangen, mit denen sie nicht untergingen, bald ihre Angst vergaßen und wie die Frösche ins Wasser hopsten und davonpaddelten.
Als Robbi ihnen vom Beckenrand zusah und merkte, welchen Spaß sie hatten, war er nicht mehr zu bremsen. „Achtung, ich komme!“, schrie er und sprang ins Wasser. Wie ein Kartoffelsack ging er unter und verschwand glucksend mit all seinen Metallröhren und Schrauben vor Max und Toffels Augen. Nur mit ihrer Hilfe, indem sie ihn ins flache Wasser zerrten, konnte er wieder an Land krabbeln.
Robbi machte noch mehrere Versuche, aber sie alle endeten schrecklich. Einmal dauerte es drei Tage, bis er wieder zu sprechen vermochte, weil ein paar Isolierdrähte undicht geworden waren.
Professor Düsel verbot ihm von nun an, das Schwimmen zu lernen. „Ein Roboter gehört auf die Erde, nicht ins Wasser!“, befahl er. „Lerne lieber Eishockeyspielen oder Weitwurf. Da geht deine Elektronik nicht kaputt.“
Robbi war tief enttäuscht. Auch sein Mutwort schien hierbei nicht zu helfen. Nachts weinte er heimlich und immer öfter in sein Kissen, sodass seine Wangen schon ein bisschen zu rosten begannen.

Dann, eines Tages, hörte er von irgendwoher von einem Doktor Frohmut, dem Wunderdoktor. Es hieß, man brauche Mut, um zu ihm zu gehen. Seine Arztpraxis sei ein verrücktes Haus und ziemlich zum Fürchten, also nichts für zimperliche Wesen. Dennoch schien jeder geheilt zurückzukehren. Aber wenn man fragte: „Wie war es beim Doktor? Was hat er gemacht?“, erhielt man eine verdruckste Antwort: „Geh selber hin, dann weißt du es!“ Denn es war streng verboten, über die Behandlung zu sprechen, sonst kehre das alte Leiden zurück.

In dieser Nacht beschloss Robbi, statt in sein Kopfkissen zu heulen, diesen Doktor zu finden. Als alle schliefen, schlich er die Treppe hinunter in den Flur zu dem Tischchen, wo das dicke Telefonbuch lag. Fieberhaft guckte er unter „F“. Da fand er alle möglichen Namen: Fasel, Feierling und Fiedler, dann Finkbeiner, Fletschinger und Flocke. Die Buchstaben tanzten vor seinen Augen. Er wischte sich den Schweiß von der Stirn. „Weiter!“, murmelte er. Und etwas lauter: „Daschadu!“ Endlich sah er, was er suchte, da stand es schwarz auf weiß: „Doktor Fidelius Frohmut, Spechtgasse 17“!

Es war noch dunkel, als Robbi das merkwürdige Haus mit dem verwilderten Garten erreichte. Seine Füße schmerzten in den steifen Metallstiefeln. Er wusste nicht mehr, wie viele Gassen er durchlaufen hatte. Aber jetzt war er da.

‚Ich ruhe mich aus, bis es hell wird‘, dachte er und ließ sich unter einen Apfelbaum plumpsen. Es war acht Uhr sieben, als er aufwachte und auf das Doktorhaus zuschritt.

3. Juli, acht Uhr fünfzehn

Ted Gummelbär – ein Junge, der nichts mehr schmeckt

Das ist Ted Gummelbär. Eigentlich heißt er Tobias Bär und geht in die 3. Klasse der Astrid-Lindgren-Grundschule in Wiesenquellbrück.

Tobias ist rund. Sehr rund. Er hat ungeordnete Stoppelhaare, lustige blaue Augen und einen runden Kopf. Man kann sagen, es ist alles rund an ihm. Er wird Ted genannt, weil er einem Teddybär sehr ähnlich sieht. Gummelbär nennen ihn die Kinder nur, wenn sie ihn ärgern wollen. Zum Leidwesen von Ted wollen das einige in der Klasse.

„Gummelbär, du bist zu schwer!“, rufen sie hinter ihm her. Natürlich nur, wenn Frau Herzig, die Lehrerin, außer Hörweite ist. Sie würde das nicht dulden. Sie hat in ihrer Klasse extra Streitschlichter ausgebildet. Die helfen dann, wenn es Ärger gibt. Die Störenfriede müssen ihre Missetaten vor den anderen zugeben und sich entschuldigen. Das alles ist ziemlich unangenehm und anstrengend. Deshalb ärgert man Ted lieber, wenn Frau Herzig weit weg ist.

Zurück zu Ted. Wenn man ganz ehrlich ist, ist er nicht nur rund, er ist sogar ziemlich **dick**! Und damit auch recht langsam und gemütlich – vor allem im Sport. Überall, wo man rennen muss, ist er immer der Letzte. Hingegen schwimmen kann er gut.

„Fett schwimmt oben!“, höhnt Frieder, der Oberfußballer (aber eben nur, wenn Frau Herzig es nicht hören kann).

In Mathe ist Ted sogar sehr gut. Das zeigt er aber lieber nicht, weil Frieder ihn dann sofort „Streber“ nennt. Dabei wäre der selber gern gut in Mathe. Das zeigt er aber auch nicht. Er ist nämlich ein Angeber. Und Angeber zeigen keine Schwächen, sonst können sie ja nicht mehr angeben! Das ist alles ziemlich kompliziert mit dem, was man zeigt und was lieber nicht.

Ja, wie gesagt, etwas dick ist Ted schon. Er selber weiß gar nicht, wie es dazu kam. Als kleiner Junge aß er noch freudig alles, was es so gab: Gurken, Hähnchen, Möhren, Kuchen, Quark, Äpfel und vieles mehr.

Einmal, beim Mittagessen, sagte sein Papa zu Teds Mama: „Also, Elvira, DU WEISST DOCH, DASS ICH KEINEN BLUMENKOHL MAG!" Er schob seinen Teller zu ihr zurück, um einen neuen OHNE Blumenkohl zu bekommen. Seitdem mochte auch Ted keinen Blumenkohl mehr.

Ein anderes Mal, beim Abendessen, nahm seine Mama keinen Tomatensalat auf ihren Teller. „Der ist mir zu schwer am Abend!", murmelte sie. Und seitdem aß Ted keine Tomaten mehr.

Irgendwann rief seine ältere Schwester: „Kartoffeln machen dick (was gar nicht stimmt)! Die ess' ich nicht mehr!"

Und sein Bruder meinte nach einer Woche zu seiner Mama: „Wegen mir brauchst du keine Bananen mehr zu kaufen. Das ist was für Babys!"

An einem Donnerstag meinte Teds Papa: „Immer Pizza für die Kinder! Mach doch mal wieder Sauerkraut!"

Und am Freitag schrie sein kleiner Bruder: „Ich will keinen Gurkensalat mit Ei! Ted muss das ja auch nicht essen!"

Am Sonntag, als Tante Karla zu Besuch war, wehrte sie beim Kaffeetrinken den Apfelkuchen ab. „Ich muss auf mein Gewicht achten, ihr Lieben!" So trank sie nur einen dünnen Tee.

Nach einem knappen Jahr aß Ted keinen Blumenkohl, keinen Spinat, keine Möhren, keine Tomaten, keine

Radieschen, keinen Kopfsalat, keine Kartoffeln, keinen Reis, keine Bananen, keine Äpfel, keine Kiwis, keine Pizza, kein Sauerkraut und keinen Kuchen mehr.

Ein paar Monate später wurde die Liste dessen, was er nicht essen mochte, noch länger: Kein Brokkoli, keine Erbsen, keine Pommes, kein Käse, keine Trauben, kein Schnitzel, kein Pudding, kein Joghurt, kein Toastbrot, keine Forellen, kein Vanilleeis.

Im folgenden Jahr wurden noch Würstchen, Bonbons, Champignons, Buttermilch und Brezel gestrichen.

Im Moment aß Ted nur noch Nudeln, Ketchup, Brötchen mit Schokoladencreme und Kaugummis.

Mehr nicht.

Zum Geburtstag wünschte er sich Schokonudeln, zu Weihnachten Nudelsalat und zu Ostern suchte er Kaugummieier.

Im Sommer sagte seine Mama: „Jetzt ist Schluss! So kann es mit deinem Essen – oder vielmehr Nicht-Essen – nicht weitergehen!“, entschied sie.

Ted wurde zu einer Sommerfreizeit in die Alpen geschickt. Die gute Bergluft, die fetten Wiesen und Kühe sollten seinen Appetit anregen. Ted trank morgens Milch und aß weiterhin Nudeln. Die waren allerdings ausgesprochen lecker, weil die Bäuerin selber sie täglich frisch aus Mehl und Eiern zubereitete. Sein Taschengeld gab er für Schokolade aus.

Nach zwei Wochen kam Ted vergnügt zurück nach Wiesenquellbrück. Er war braungebrannt, konnte jodeln und hatte vom Bauern das Schnitzen gelernt. Seine Essgewohnheiten waren dieselben geblieben.

In den Herbstferien musste er für zwei Wochen in ein Kinderheim an die Nordsee.

„Die Meerluft wird ihm Hunger machen. Vielleicht werden Krabben und Fischbrötchen sein Lieblingsessen!" Das meinten und hofften jedenfalls seine Eltern.
Nach vierzehn Tagen war er wieder zu Hause. Nudeln kannte man an der Nordsee weniger. Aber es gab jede Menge knusprige Brötchen. Den Fisch ließ er liegen und strich sich stattdessen Schokoladencreme darauf.
Er hatte sein Schwimmabzeichen vom „Seepferdchen" auf den „Freischwimmer" verbessert, wusste, was ein Klabautermann ist, und konnte bei Windstärke 10 aufs Meer hinausfahren, ohne seekrank zu werden.
„Wann gibt es endlich Nudeln?", fragte er, kaum dass er wieder am Tisch saß.
Die Eltern schlugen die Hände über dem Kopf zusammen.
„Von mir hat er das nicht!", sagte Teds Mama und meinte das Nudelessen.
„Von mir erst recht nicht!", erwiderte sein Papa. Beide waren ein bisschen stolz auf ihren Sohn, der so ein tüchtiger Schwimmer und unerschrockener Seefahrer geworden war. Aber ratlos waren sie auch.
Im Frühjahr meldeten sie Ted für einen Kinderkochkurs an. Er müsste doch beim Kochen Lust kriegen, all die leckeren Speisen zu probieren! Glaubten sie.
„Lachsschiffchen" stand auf dem Programm und „Hähnchenklöße" sowie „Spinatüberraschung", „Apfelbombe" und „Windjammersalat".
„Irgendwas davon MUSS dir doch schmecken!", beschwor ihn seine Mama händeringend und brachte ihn zur Kochkindergruppe.
Frau Basilica, die Köchin, war Italienerin.
„Va bene, das wird perfekt!", rief sie temperamentvoll. Sie klopfte Ted wie einem guten Kumpel auf die Schulter

und reichte ihm eine rosa Kochschürze. Er reihte sich bei den anderen Kochschürzenträgern und -trägerinnen ein, die alle ein wenig hilflos aussahen. Wie junge Hunde, die noch nicht wissen, was die Welt mit ihnen vorhat.
Als der Kochkurs zu Ende war und Ted nach Hause kam, saßen seine Eltern auf der Couch. Sie blickten ihn erwartungsvoll an wie die Kinder vor der weihnachtlichen Bescherung. Ihre Augen fragten: „Na, wie war's?" Sie waren gespannt auf seinen Bericht.
„Es hat Spaß gemacht!", rief Ted.
Seine Eltern strahlten vor Glück und schauten sich an: Was für eine gute Entscheidung es doch gewesen war, ihn in den Kochkurs zu schicken.
„Erzähl, wie war das Essen?", fragten sie ungeduldig.
Ted antwortete: „Eigentlich prima!"
Er sagte aber kein Wort davon, dass es ihm gelungen war, die Gruppe mitsamt der Köchin, Signora Basilica, umzustimmen. Statt Lachs-Schiffchen und all der anderen Sachen im Programm kochten sie Nudelgratin Primavera (Frühling), Schokoladen-Lasagne, Bären-Spaghetti und Makkaroni-Variationen.
Laut meinte er zu seinen Eltern: „Die Nudelgerichte waren allerdings am besten!"
„Welche Nudelgerichte?", fragten sie sich.
Der Kochkurs war also kein Erfolg gewesen, wie sich kurz darauf herausstellte. Jedenfalls nicht in dem Sinne, wie Herr und Frau Bär es sich gewünscht hatten. Erneut stellten sie Überlegungen an, wie sie aus Ted einen normalen Esser machen könnten.
Mittlerweile schien es auch Ted zu stören, dass er so dick geworden war und sich einige Kinder in der Schule über ihn lustig machten.

„Ich wiege jetzt vierzigtausend Gramm!“, erschreckte er eines Abends seine Eltern. Sie wussten, dass er ein guter Rechner war und glaubten ihm natürlich auf der Stelle. „In der Schule lachen sie über mich“, fuhr er fort. Sein Gesicht war betrübt.

Sie merkten, dass er nicht mehr der unbekümmerte Ted war, der sich darüber freute, dass er rechnen, jodeln, schnitzen, schwimmen, kochen und zur See fahren konnte.

„Und was das Schlimmste ist“, sagte er nach einer Pause, „dass ich überhaupt NICHTS mehr schmecke. Nicht das kleinste bisschen! Ich schmecke nicht einmal, ob etwas süß oder salzig ist. Ich könnte Seife oder Motoröl essen, ich würde keinen Unterschied merken!“

Nun war es heraus. In seinen Augen schimmerten Tränen. Aber er schluckte schnell, bevor sie herunterkullerten.

Seine Eltern holten ihn zu sich in die Mitte aufs Sofa. Mama strich ihm über den Kopf und schluckte auch. Sein Papa räusperte sich endlich.

„Ich habe gestern mit Emmis Papa gesprochen, die ja auch in deiner Klasse ist. Ich traf ihn zufällig auf dem Schulhof. Und er erzählte mir von einem ganz besonderen Doktor, der Emmi geholfen hat, ganz schnell wieder gesund zu werden.“

Ted schaute ihn erwartungsvoll an.

„Wir sollten keine Zeit verlieren! Je eher wir ihn aufsuchen, umso schneller wirst du wieder froh!“

Am nächsten Morgen, pünktlich um acht Uhr fünfzehn, standen Ted und sein Vater in der Spechtgasse 17 und schauten ungläubig auf das kuriose Doktorhaus. Ted

schloss die Augen und öffnete sie wieder, als wollte er sicher sein, dass es kein Spuk war, was er da sah:
Das Haus war kunterbunt und sah teilweise wie ein Mensch aus. Die Fensterläden standen ab wie hölzerne Ohren und die Eingangstür war ein großer Mund mit Zähnen. Aus dem Dach ragten Antennen, die wie Arme aussahen, und unter dem Haus schauten Füße ohne Socken hervor. Ringsum war es umgeben von Holunderbüschen, Stauden von leuchtend blauem Rittersporn, tränenden Herzen und rosa Hortensien.
Der Zaun, vor dem sie standen, hatte kein Tor und Ted rätselte, wie er und sein Papa zur Haustür gelangen sollten. Herr Bär schien auch ratlos zu sein.
Ted untersuchte den Zaun jetzt genauer. Vielleicht gab es eine Klingel, mit der man sich bemerkbar machen konnte, oder einen Knopf, der eine verborgene Öffnung im Zaun freigab. Nichts war zu entdecken, nur ein Seil, das scheinbar bedeutungslos, dicht an den Zaunlatten, von einem Baum herabbaumelte. Darunter lag ein großer Stein. Ted überlegte. Er war nicht nur ein guter Rechner, sondern auch ein guter Denker! Ja, natürlich! Er könnte auf den Stein steigen, sich an das Seilende hängen und über den Zaun schwingen.
„Papa, ich habe eine Idee!", schrie er, kletterte auf den Stein, ergriff das Seil und – schwupp – flog er über den Gartenzaun und landete direkt vor dem großen Mund mit Zähnen. Er fühlte sich wie ein Zirkusakrobat.
„Komm, Papa, du musst das Seil festhalten und springen!", rief er aufgeregt.
Herr Bär lachte etwas gequält, folgte Ted aber nach. Er landete mit einem Satz auf der obersten Treppenstufe.
„Hoppla, das ging aber flott! Wie kann man nur das Tor

im Zaun vergessen?“, keuchte er. Erleichtert holte er tief Luft. Immerhin war ihm der Sprung gelungen.
Ted untersuchte inzwischen die geschlossene Haustür wieder nach einer Klingel oder einem versteckten Knopf, denn eine Klinke gab es nicht. Er tastete mit seinen Fingern über die Lippen, die Mundhöhle und entlang der oberen Zahnreihe. Plötzlich klappte einer der Zähne nach hinten, eine Sirene heulte laut, aber die Tür blieb zu. Ted stand stocksteif vor Schreck. Der Lärm war ihm und Herrn Bär ziemlich peinlich.
Endlich verstummte der Heulton und eine Stimme kam aus der Sprechanlage: „Ein bisschen Geduld noch, wir öffnen gleich. Warte mit dem anderen Patienten!“
Erst jetzt entdeckte Ted den kleinen Roboter, der seitlich auf der untersten Treppenstufe hockte. Ein Roboter? Ted schüttelte den Kopf. Hier ging es aber seltsam zu.
„Hast du auch ein Problem?“, fragte ihn der kleine Blechmann.
„Ich geh’ wieder los!“, rief Teds Vater, klopfte ihm auf die Schulter und eilte davon.
Ted setzte sich zu Robbi auf die Treppe. Er zuckte mit den Schultern. „Ich schmecke nichts mehr!“, seufzte er.
„Auch keine Pfefferminzschokolade?“, fragte Robbi (denn die mochte er besonders).
Ted schüttelte den Kopf. „Nicht einmal Zwiebel oder Rollmops!“
„Na, darauf kann ich verzichten!“, meinte Robbi.
„Und was fehlt dir?“, fragte Ted.
„Ich würde so gern schwimmen können!“ Robbis Augen schimmerten feucht.
„Ich kann es dir zeigen“, meinte Ted. „So schwer ist das nicht!“

‚Wenn du wüsstest!‘, dachte Robbi.

Doch bevor er etwas sagen konnte, wurde ihre Aufmerksamkeit auf eine merkwürdige Gestalt gelenkt. Sie sah aus wie ein kleiner Dinosaurier und kam auf die Eingangstür zu.

3. Juli, acht Uhr einundzwanzig

Xaver Zitterle – ein junger Drache

Xaver Zitterle ist ein junger Drache. Seine Schuppenhaut glänzt grün wie regennasses Gras. Seine Augen schimmern wie schwarze Glaskugeln und seine Pinselohren sind noch ganz rosa. Er kann wunderbare Drachenbilder malen und besitzt die Goldmedaille im Reißnägel-Weitspucken. Aber Xaver Zitterle hat vor ganz vielen Dingen ganz große Angst.

Das liegt jedoch nicht an seinem Nachnamen. Die Drachenfamilie heißt Zitterle, weil sie alle zum Zittern bringt, die ihr begegnen: Mächtige Könige schlottern in den Knien, wenn Papa Zitterle über ihr Schloss fegt. Kühne Rennfahrer fallen aus der Kurve, sobald Mama Zitterle einen Bogen über ihre Köpfe fliegt. Aber auch Kühe, Katzen und Ameisen zittern beim Anblick der Drachenfamilie, weil sie Angst haben, gefressen zu werden. Dabei weiß doch jeder, dass Drachen nur Papier und Holzzäune fressen, weil sie das zum Feuerspeien brauchen.

„Morgen kommt Onkel Furius zu Besuch!“, kündigte Mama Zitterle eines Tages an. „Er ist unser bester Flugdrache und du darfst auf seinem Schwanz mitfliegen!“

„Ich will nicht mit ihm fliegen!“, wehrte Xaver gleich ab und zog den Kopf ein. Er kannte Onkel Furius nicht einmal.

„Natürlich fliegst du mit ihm. Es macht ganz toll Spaß. Und er fliegt höher als das Storchennest auf dem Wasserturm!“, sagte seine Mutter begeistert.

„Höher als das Storchennest? Das ist viel zu hoch!“, jammerte Xaver und gleich flossen ein paar dicke Angsttränen. Er hielt die Hände vors Gesicht, obwohl der Onkel noch gar nicht da war.

„Was bist du doch für ein Angstmops!“, erwiderte seine

Mutter. Denn bei Drachen sagt man nicht Angsthase, sondern Angstmops. „Stell dir doch mal vor, wie herrlich es ist, von hoch oben auf alle Wiesen, Wälder und Schlösser herunterzuschauen und lustige Saltos mit Onkel Furius zu drehen!"

„Nein, nein, nein!", heulte Xaver. Er fand es nicht die Spur lustig, den sicheren Erdboden zu verlassen. Und dann auch noch Saltos in der Luft drehen – da blieb ihm fast das Herz stehen.

Das Höchste, was er je bei seinen Pflichtübungsstunden überflogen hatte, war die Wäscheleine im Burghof gewesen. Selbst die hatte er nicht einmal ganz geschafft. In letzter Sekunde hatte sich sein Schuppenschwanz in Papa Zitterles Hemden verfangen und daraufhin die ganze Wäscheleine mit der frischen Wäsche zu Boden gerissen. Natürlich schimpfte seine Mutter mit ihm. Aber noch viel schlimmer war das schadenfrohe Gelächter seiner Geschwister und Klassenkameraden gewesen, die alle bereits den großen Burghof mit der Drachenburg überfliegen konnten.

„Nein, nein, nein!", protestierte Xaver noch einmal. „Ich fliege nicht mit Onkel Furius, niemals!" Seine Drachenschuppen am Rücken hatten sich wie Pfeilspitzen in die Luft gestellt, als wollten sie seine Entschlossenheit unterstützen.

Seine Mutter blickte ihn ratlos an. Dann streichelte sie ihm liebevoll über seine rosa Pinselohren und meinte: „Jetzt warten wir mal ab, bis Onkel Furius kommt. Dann sehen wir weiter."

Am nächsten Morgen saß Xaver gemütlich im Burghof am Frühstückstisch. Die Bienen summten auf der

Kleewiese, die Vögel auf den Mauerzinnen zwitscherten ihr Morgenlied und die Sonne schien so hell, dass Xaver blinzeln musste.

Er hatte gerade den letzten Bissen einer Apfelsinenkiste verspeist, als es plötzlich dunkel wurde. Erschrocken schaute er nach der Sonne. Aber sie war weg. Stattdessen sah er ein riesiges Ungeheuer im Landeanflug, das seinen Schatten über den gesamten Burghof verbreitete. Mit Donnergetöse landete es Sekunden später direkt neben Xaver und ließ sich wie eine schwarze Gewitterwolke in Gestalt eines Drachens nieder: Onkel Furius war eingetroffen!

Bevor Xaver Luft holen konnte, blies der Onkel eine Feuer- und Qualmsäule aus dem Maul, die keine Feuerwehr hätte löschen können. Dann schüttelte er seinen Schuppenpanzer und hunderte von kleinen Eisstücken und walnussgroßen Hagelkörnern schossen heraus und sausten Xaver um die Ohren. Onkel Furius war nämlich in sehr großer Höhe geflogen, wo die Temperatur minus 50 °C beträgt. Zuletzt schlug der Onkel seine Vorderpfote, die so breit wie eine Bratpfanne war, auf den Tisch, dass die Zeitungen, Tüten und Kisten vom Frühstück durcheinanderwirbelten.

„Das muss mein Neffe Xaver sein!“, dröhnte er und Xaver wusste nicht, ob es drohend oder freundlich gemeint war. Er wäre am liebsten vor Schreck in einen Schrank gekrochen. Denn Drachen kennen kein Mauseloch. Sie verstecken sich hinter Schranktüren, wenn sie Angst haben.

„Also dann, aufsitzen!“, brüllte Onkel Furius, als wäre sein Neffe taub. Xaver schluckte und konnte die Tränen nun fast nicht mehr aufhalten.

Da kam ihm seine Mama zu Hilfe.
„Er ist ein bisschen ängstlich, unser Xaver. Lass ihm ein wenig Zeit, Furius", sagte sie.
„Ein Angstmops also?", schnaubte der Onkel. „Dann fliegen wir später!" Er tätschelte Xaver den Kopf.
„Wir können uns ja mit Feuerspucken die Zeit vertreiben", grölte er und stieß einen Feuerschwall aus seinem Maul, der die Schwanzfedern der Krähen auf dem Burgturm versengte. Krächzend und schimpfend stoben sie davon.
Xaver war kreidebleich geworden. „Ich kann nur Reißnägel spucken", flüsterte er, fügte jedoch tapfer hinzu: „Aber ganz schön weit!"
Onkel Furius riss die Augen auf: „Reißnägel? Und du willst ein Drachenjunge sein?"
Er schlug sich auf die Schenkel und lachte, bis sein Bauch wackelte. „Potzblitz und Schlabbermaul! Der Junge ist wirklich ein Angstmops! Aber Eierwerfen wird er doch können?"
Drachen legen ja andauernd ganz viele Eier. Sie können sie jedoch bei weitem nicht alle ausbrüten. Deshalb spielen sie manchmal Weitwerfen mit Fangen. Das ist eine kniffelige Sache, die viel Geschicklichkeit erfordert. Denn wer das Ei fallen lässt, wird in den Burgteich geworfen. Und das ist dann immer kalt und nass und mühsam, bis man an Land gekrabbelt ist. Und peinlich obendrein, weil einen alle auslachen.
„Nein, nein, nein, ich will nicht Eier werfen!", schrie Xaver in höchster Not und versteckte sich hinter seiner Mama.
Sie warf Onkel Furius einen strafenden Blick zu, der sagen sollte: „Jetzt bist du aber zu weit gegangen. Lass den armen Jungen in Ruhe!"

Zu Xaver sagte sie freundlich, aber entschieden: „Ich glaube, es ist Zeit, zu Doktor Frohmut zu gehen, gleich morgen früh!“ Sie strich ihm über den Kopf und beendete das Thema.
Xaver schluckte. Einerseits war er beruhigt, dass ihn seine Mutter vor dem gewaltigen Onkel in Schutz nahm. Andererseits fürchtete er sich sofort wieder: Wer war Doktor Frohmut? Tat es weh, zu ihm zu gehen? Aber was hatte er für eine andere Wahl?

Es war acht Uhr einundzwanzig, als Xaver sich mit weichen Knien dem Doktorhaus näherte, wo Robbi und Ted bereits auf der Treppe saßen.
„Wir müssen noch etwas warten, aber gleich fängt die Sprechstunde an“, sagte der Roboter zur Begrüßung.
„Bist du ein echter Drache?“, fragte Ted. Er war richtig aufgeregt und machte gleich Platz für den Neuen. Mutig nahm er die schuppige Pfote in die Hand, weil der Drache so zitterte.
„Ich heiße Xaver und habe Angst“, flüsterte er, ließ seine Pfote aber in der Hand des Jungen, der ihn so nett ansah.
Auf einmal klappte die Mundtür auf und Susi Schabernack erschien im Eingang. Sie musterte die drei Patienten, schien jedoch kein bisschen überrascht zu sein.
„Dann wollen wir mal, kommt rein!“, sagte sie.
Sie lief voraus und Robbi, Ted und Xaver folgten ihr.
An ihrem Empfangstisch machte sie halt. Sie goss eine schillernde Flüssigkeit in drei Gläser und drückte sie den Besuchern in die Hand. „Trinkt das!“ Sie zwinkerte mit ihren grünen Augen. „Das ist ein Mutsaft. Keine Sorge, er wird euch schmecken und vielleicht auch helfen!“ Sie lachte und schob die Gesellschaft in einen

Raum, der wohl das Wartezimmer war. „Der Doktor muss noch einen Hausbesuch machen, wird aber bald zurück sein. Wahrscheinlich kommen gleich noch andere Patienten. Ihr könnt euch in der Zeit erzählen, was euch weh tut oder so. Und setzt euch doch, wohin ihr wollt."

Unsicher blickten sich die drei um.

„Ein komisches Wartezimmer!" Ted fand als Erster Worte.

„Was sind das für Telefonzellen?", wunderte sich Robbi.

„Setzt du dich mit auf das Sofa?", fragte Xaver ängstlich.

Ted nickte.

Robbi saß schon auf dem Schaukelpferd. „Schmeckt gut, der Saft!", kicherte er.

3. Juli, acht Uhr vierundzwanzig

Klara Guckloch – ein durchsichtiges Mädchen

Klara ist wild, Klara ist fröhlich, Klara ist neugierig.
Klara hat rote Haare und kann nicht still sitzen.

In der Mathestunde zum Beispiel muss sie zweimal aufs Klo. Auf jeden Fall geht sie ein- oder zweimal zum Papierkorb, um Bleistifte zu spitzen. Dabei fällt sie über ihren Schulranzen, den sie nie an den Haken an ihrer Bank hängt wie die anderen Kinder. Oder sie reißt aus Versehen Bennos Mathebuch zu Boden und schreit laut: „Verzeihung!“, ehe die Lehrerin etwas sagen kann. Sie lacht, vergisst beim Händewaschen (mindestens einmal in der Stunde) den Wasserhahn zuzudrehen. Dann bleibt sie mitten auf dem Weg zu ihrem Platz stehen und ruft in die Klasse: „Frau Stillhorn, die Geranie auf unserem Fensterbrett ist gerade gestorben!“ Dabei überhört sie, dass Frau Stillhorn sie gerade fragte, was drei mal siebzehn ist.

Klara vergisst einmal in der Woche ihren Mantel oder Schirm oder ihren Schal in der Schule.

Zweimal in der Woche vergisst sie zu Hause den Turnbeutel oder die Hausaufgaben oder die Frühstücksdose.

Bis zu dreimal in der Woche schlägt sie sich das Knie an oder fällt von irgendwo runter oder reißt ein Loch in ihre Hosen.

Aber sie lacht fast immer, bereut auch manchmal, dass sie nicht aufgepasst hat, hilft gerne anderen Kindern in der Klasse und tröstet jeden, der traurig ist.

Klara würde lieber eine Rakete bauen, als ein Bild mit Wollfäden zu sticken. Sie liest lieber ein Sachbuch über Mumien als Mädchenbücher von „Rosi und Dosi“.

Sie hat tausend Fragen:
Haben Schmetterlinge Zähne?
Frisst ein Steinbeißer Steine?

Warum stoßen Vögel beim Fliegen nicht aneinander?
Kann ein Frosch träumen?
Wie viel wiegt eine Bakterie?
Sie hat tausend Theorien:
Ich glaube, Schokolade hilft bei der Konzentration!
Ich bin sicher, man kann einen Füller mit Chip erfinden, der keine Fehler mehr schreibt!
Zu viel Üben macht Pickel!
Sport ist gesünder als Diktatschreiben!
Kinder brauchen mehr Taschengeld!
Eine Oma zu Hause ist interessanter als ein Goldhamster!

Klaras Neugierde kennt keine Grenzen. Sie untersucht Ameiseneier und Fliegenschiss, sie steckt ihren Kopf in Mauerritzen und Erdlöcher. Sie probiert alles, was auf einem Teller liegt – auch Glibbermuscheln und Schnecken, die ihre Mutter gerne isst. Und sie trinkt Wasser aus dem Schulteich, um den Naturgeschmack zu testen, wobei sie beinahe eine Kaulquappe verschluckt hätte. Wahrscheinlich hat sie sogar eine verschluckt.

Ja, und dann kam der 3. Juli. Den wird Klara wohl nie mehr vergessen! Dabei fing alles ganz normal an, oder sagen wir harmlos an mit dem Tag, an dem die Klasse einen Fahrradausflug machen wollte.

Frau Stillhorn hatte alles bestens organisiert. Zwei Väter kamen als Begleitpersonen mit. Beide waren fit im Reifenaufpumpen und verstanden es, jede Fahrradpanne zu beheben. Sie trugen einen Kompass und einen großen Verbandskasten bei sich. Außerdem waren Ersatzluftpumpen und Taschenlampen – falls sie von der Nacht überrascht werden sollten – auch noch im Gepäck. In den Satteltaschen steckten Bio-Müsliriegel als Notnahrung, Rettungsseile und Streichhölzer.

Herr Schrag sagte zu den Kindern: „Ich bin der Eugen!" Herr Mindel machte es ihm nach. Er hieß aber nicht Eugen sondern Valentin.
Eugen überprüfte vor der Abfahrt alle Fahrräder und Valentin wiederholte mit den Kindern die Verkehrsregeln. Dann ging es los. Eugen fuhr vorneweg. In der Mitte radelte Frau Stillhorn und den Schluss bildete Valentin. Das Wetter war herrlich. Nachdem sie den Vorstadt-Straßenlärm hinter sich gelassen hatten, hörten sie überall die Vögel zwitschern. Die Morgensonne brachte am Wegrand die Tautropfen zum Glitzern und ein süßer Sommerduft stieg aus den Wiesen.
Klara überholte Frau Stillhorn und radelte bald direkt hinter Eugen. „Wann sind wir da?", fragte sie schon nach einer halben Stunde Fahrt.
„Na hör mal, wir sind doch gerade erst gestartet!", schrie Eugen über seine Schulter zurück. „Bis zum Hinterwaldkopf geht es mindestens noch eine Stunde."
„Meine Mama hat mir mein Lieblingsfrühstück eingepackt!", rief Klara gegen den Fahrtwind.
„Soso, und was gibt es da?", fragte Eugen.
„Schokoladencremebrote und Essiggurken!" Sie lachte laut, als Eugen sich schüttelte und „Igitt!" rief. Der Weg wurde nun schmaler und stieg kräftig an. Klara jubelte: „Jetzt sind wir bald da!" Sie setzte zum Überholen an. Aber Eugen wies sie zurück. „Immer mit der Ruhe, meine Dame! Schön hinten bleiben, ich mache die Vorhut!" Schweißperlen standen ihm auf der Stirn, aber er blieb unnachgiebig.
Endlich erreichten sie den Hinterwaldkopf. Der Wald war hier zurückgewichen und die Landschaft öffnete sich zu einer großen, baumfreien, gewölbten Lichtung.

„Ich glaube, wir sind hier auf der Hinterwaldglatze!“, rief Klara, nachdem sie den höchsten, kahlen Punkt erreicht hatte. Alle lachten.

„Schließt jetzt eure Fahrräder ab“, ordnete Valentin an, „und nehmt euren Proviant mit. Hinter der Kuppe gehen wir einen kleinen steilen Weg zu Fuß hinunter. Da kommen wir zu einem Spielplatz und dort rasten wir.“ Seine letzten Worte gingen fast unter im fröhlichen Tumult der Kinder. Sie waren hungrig und reif für eine Pause.

Und dann geschah es!

Jeder war mit seinem Fahrrad und seinem Frühstückspaket beschäftigt, als plötzlich ein gurgelnder Schrei ertönte. Er kam von Klara. Sie stand da mit hochrotem Kopf, in der einen Hand eine Essiggurke, mit der anderen griff sie an ihren Hals. Sie würgte, spuckte, röchelte und verdrehte die Augen. Sie stampfte mit den Füßen und gestikulierte wild mit beiden Armen.

Frau Stillhorn war sofort bei ihr. „Was ist, Klara, mein Kind? Um Himmels Willen, sag doch was!“, rief sie aufgeregt.

Eugen flüsterte: „Vielleicht ein epileptischer Anfall?“ Er suchte nach der Notapotheke.

Klara schluckte und hustete und prustete und brachte endlich hervor: „Ich wollte... in meine Gurke... beißen... und habe den... Fahrradschlüssel verschluckt!“ Tränen standen ihr in den Augen.

Ohne lange zu warten, packte Valentin mit entschlossenem Griff das Mädchen an den Beinen und hielt Klara kopfüber in die Luft. Er schüttelte sie wie einen Apfelbaum und schrie: „Spuck den Schlüssel aus!“

Klara rollte mit den Augen und spuckte, was das Zeug

hielt, aber der Schlüssel kam nicht raus. Valentin stellte sie wieder auf die Beine.
„Hier, trink was!“, sagte Frau Stillhorn aufgeregt. „Damit er nicht irgendwo in der Speiseröhre stecken bleibt!“
Klara gehorchte. Sie japste noch ein paar Mal nach Luft, beruhigte sich aber langsam. Ein paar Kinder hatten sich um sie gestellt und streichelten ihr einen Arm oder ein Bein – was sie eben von ihr fassen konnten.
Ein paar Sekunden später fing Klara an zu lachen: „Der Schlüssel liegt bestimmt in meinem Magen. Soll ich jetzt mit der Essiggurke mein Fahrrad abschließen?“
Nun lachten alle mit. Eine große Erleichterung breitete sich vor allem bei den Erwachsenen aus, denn sie hatten auf dem Ausflug die Verantwortung für die Kinder.
Frau Stillhorn wurde wieder ernst. „Was meinst du, Valentin, müssen wir Klara nicht gleich zu einem Arzt bringen?“, fragte sie.
„Ich weiß nicht so recht“, antwortete er unsicher. „Schließlich ist ja nicht gleich einer um die Ecke hier auf dem Hinterglatzkopf!“
„Aber essen darf sie besser erst mal nicht, das wäre überhaupt nicht gut“, meinte Eugen und stellte sich Klaras Magen mit Essiggurke, Schlüssel und Schokoladencremebroten vor. Er schauderte.
„Ich denke, einer muss mit ihr zurückradeln und sie zu einem Arzt bringen.“ Eugen kramte nach seinem Handy. Auf der Telefonliste wählte er die Nummer von Familie Guckloch.
Zum Glück nahm Herr Guckloch den Anruf entgegen. Sie beschlossen, dass er mit dem Auto bis zum Waldweg kommen sollte. Dort würde er Klara abholen.
Für Klara war der Ausflug beendet. Alle waren jetzt ein

wenig traurig, Klara am meisten. Ihre Freunde drückten ihre Hand. Josi schenkte ihr ein Päckchen von ihren Lieblings-Kaubonbons.

„Wenn du je wieder was essen kannst!“, flüsterte sie.

Eugen setzte Klara auf den Gepäckträger, den er mit der Notfalldecke gepolstert hatte, und fuhr mit ihr ins Tal.

Herr Guckloch empfing sie unten am Waldweg. Er streichelte Klara unentwegt die Wangen, weil er sehr aufgeregt war. Er hörte sich Eugens Bericht an und entschied:

„Wir fahren gleich ins Krankenhaus!“

Sie bedankten sich bei Eugen und winkten ihm, als er mit seinem Rad den Berg wieder hoch fuhr.

In der Klinik musste Klara einen trüben Saft trinken.

„Das ist ein Kontrastmittel“, erklärte der Arzt. „Damit wir deinen Schlüssel besser sehen können“, zwinkerte er. Trotz der ernsten Lage konnte er ein Grinsen nicht verbergen.

Klara schluckte tapfer den grünen Schlabber, der zum Glück nach Ananas schmeckte. Sie wurde auf eine Liege gelegt. Das Röntgengerät schwebte mit einem Schwenkarm über ihren Körper. Dann musste sie die Luft anhalten und – schwupps – schon war das Foto gemacht.

Schon nach zehn Minuten zeigte ihr der Doktor das Bild.

„Das hier ist dein Magen und da liegt auch dein Schlüssel!“, sagte er stolz, als hätte er ihn selbst dahin gelegt.

Klara war entzückt. „Das ist mein Schlüssel!“, rief sie, als begrüße sie einen alten Bekannten. „Und was ist das?“

„Das sind deine Rippenbogen. Und der dunkle Fleck in der Mitte ist dein Herz“, erklärte der Doktor.

„Und wie kommt der Schlüssel wieder raus? Ich muss doch mein Fahrrad aufschließen!“

„Was du hier siehst, ist dein Darm. Da wird der Schlüssel

durchwandern und morgen wahrscheinlich“, schmunzelte der Doktor, „wieder am anderen Ende rauskommen. Du solltest viel trinken und Kartoffelbrei und Apfelmus essen!“ Er klopfte Klara auf die Schulter.

Daraufhin fuhren sie nach Hause. Klara war ziemlich erleichtert, aber auch ziemlich unsicher, wie es weitergehen sollte. ‚Hoffentlich stimmt alles, was der Doktor gesagt hat‘, grübelte sie.

„Wird schon werden!“, tröstete ihr Papa.

Zu Hause wurden sie sehnlichst erwartet. Frau Guckloch stand bereits an der Eingangstür und winkte. Schon hielt das Auto in der Einfahrt. Sie breitete beide Arme aus und rief: „Kind, was du wieder für Sachen machst!“ Eben wollte sie Klara in die Arme schließen, als sie jäh in der Bewegung stockte und aufschrie: „Was haben sie denn mit dir gemacht, mein armes Kind, das ist ja furchtbar!“

Erschrocken schauten sich Klara und ihr Papa an. Dann erstarrte auch er zur Salzsäule. „Du liebe Zeit, das kann ja nicht wahr sein!“, brachte er tonlos hervor.

So etwas Ähnliches hatte Frau Stillhorn auch vor ein paar Stunden gesagt. Klara war ganz durcheinander. Da fiel ihr Blick auf die Glastür im Eingang, in der sie in diesem Moment ihr Spiegelbild sah. Sie rieb sich die Augen. Sie zwickte sich in den Arm, um sicher zu sein, dass sie nicht träumte. Sie blickte auf ihre Eltern, die beide die Hände vors Gesicht geschlagen hatten. Also musste es stimmen, was sie da sah: Sie war *durchsichtig*! Durchsichtig wie das Röntgenbild. Alles konnte man sehen: Die Rippen, die Knochen, ihr Herz und auch den Schlüssel.

„NEIN!“, schrie sie aus Leibeskräften. „ICH WILL NICHT, DASS MAN IN MICH HINEINGUCKEN KANN!“ Dann fiel

sie in Ohnmacht. Selbst für Klara waren die Ereignisse zu heftig gewesen.
Als sie wieder aufwachte, lag sie auf der Couch im Wohnzimmer. Mama hatte ein nasses Tuch auf Klaras Stirn gelegt und hielt ihre Hand, durch die ihre Knochen zu sehen waren. Klara schauderte. Mama hatte rotgeweinte Augen. Auf dem Tisch stand eine Schüssel mit dampfendem Kartoffelbrei.
„Du musst jetzt was essen, mein kleines Gespenst!" Herr Guckloch versuchte mit einem schiefen Lächeln, munter zu klingen.
Klara löffelte tapfer den Kartoffelbrei. Nach dem dritten Bissen verlangte sie einen Spiegel.
„Das ist doch nicht nötig!" Gleichzeitig versuchten beide Eltern, ihr den Wunsch auszureden. Klara bestand darauf. Mit gemischten Gefühlen verfolgten ihre Augen den Kartoffelbrei durch die Speiseröhre.
Dann klingelte es an der Tür. Josi kam direkt vom Ausflug hereinspaziert. „Was ist mit dem Schlüssel?", fragte sie.
„Och", meinte Klara, „sieh doch selber!" Sie schlug die Decke zurück, unter der sie lag.
„Hey, das ist ja toll! WAHNSINN! Ich seh' den Schlüssel mitten in deinem..." Sie blickte auf Klaras Teller: „Kartoffelbrei! Das ist ja so cool! Wie haben sie das im Krankenhaus gemacht? Ich will auch durchsichtig sein!"
Klara lächelte verlegen. Vielleicht hatte Josi gar nicht so Unrecht, vielleicht war es ganz toll, durchsichtig zu sein? Aber wenn sie an die Schule dachte, wie alle sie anstarren würden! Und die Leute auf der Straße erst und im Bus! Alle würden in sie hineinschauen!
„Nein!", sagte Klara, „Es ist nicht toll. Es ist einfach unbehaglich."

In diesem Augenblick stürzte Herr Guckloch ins Wohnzimmer. „Ich habe im Internet gesucht. Es kommt nur ein Doktor in Frage, der dir helfen kann. Ein Doktor Frohmut in der Spechtgasse. Gleich morgen früh fahren wir hin!“

Es war acht Uhr vierundzwanzig, als Susi Schabernack Klara wie alle anderen, die den Weg zur Praxis gefunden hatten, freundlich in Empfang nahm.
„Du siehst aus, als könntest du einen Mutsaft brauchen!“, sagte sie munter zu der neuen Patientin.
Klara war dankbar. Sie nahm den Saft und schielte auf die anderen im Wartezimmer.
Susi folgte ihrem Blick. „Denen geht es auch nicht besonders. Jeder hat so seinen Kummer. Aber dafür gibt es ja unseren Doktor!“ Sie schob Klara ins Wartezimmer, biss in ihren grünen Apfel, den sie danach wie ein Mikrofon vor den Mund hielt und ließ ihre Stimme wie eine Ansagerin durch den Raum tönen: „So, meine Lieben, alle anschnallen! Die Gurte findet ihr an euren Sitzmöbeln. Gleich geht es los. Damit euch das Warten nicht langweilig wird, machen wir eine kleine Reise!“
„Nein!“, schrie Xaver.
„Toll!“, brüllte Ted.
„Daschadu!“, rief Robbi.
„Ich verstehe gar nichts!“, sagte Klara.
Kaum waren alle angeschnallt, fingen die Sitze an zu zittern und zu beben. Und dann schwebten sie auch schon wie von Geistern gezogen in die Höhe.
Xaver schrie wieder: „Nein!“
Ted brüllte: „Schneller!“
Robbi flüsterte: „Daschadu!“

Und Klara, obwohl sie angeschnallt war, klammerte sich krampfhaft an die Schlaufen ihres Sitzballs.

Nun erklang ein Trommelwirbel wie im Zirkus. Eine wilde Musik setzte ein. Dazu leuchteten in hektischem An und Aus Glühbirnen an den Wänden. Sofa und Schaukelpferd flogen jetzt bis zur Decke, gefolgt von Sitzbällen, Hängematte und Sesseln. Alle drehten Kurven und Kreise, die immer schneller wurden, um dann wie im Sturzflug fast bis auf den Boden zu schießen. Kurz vor der Erde bremsten die Möbel, rasten in Windeseile mit einem Salto wieder nach oben, schwankten, gaukelten, kippten fast um unter dem Kronleuchter – und das alles begleitet vom wilden Gekreische der Patienten.

Ted hatte den Arm fest um den kleinen Drachen gelegt, dessen Schuppenkleid vor Entsetzen ganz weiß geworden war.

Endlich, endlich wurde die Musik leiser und die Fahrt langsamer.

Susi Schabernack stand am Computer und strahlte vor Vergnügen. „Noch ein kleiner ungebremster Überschlag (der schneller vorbei war, als die Besucher quietschen konnten)! Und nun geht es wieder auf den Boden!“ Sie lachte silbern wie ein Glöckchen.

„So, wieder abschnallen, bitte, die Reise ist zu Ende. Ihr könnt euch ja untereinander etwas bekannt machen und sagen, was ihr so habt, bis der Doktor kommt. Ich muss zur Tür, es hat gerade geklingelt!“

Der Schrecken der Berg- und Talfahrt war überstanden und durch die Erleichterung setzte sofort ein Stimmengewirr ein. Jeder wollte jedem sagen, was mit ihm los war.

3. Juli, acht Uhr neununddreißig

Paul – ein Pupsmonster

Paul muss man sich vorstellen wie eine himmelblaue Qualle mit Monstergesicht. Er ist fast durchsichtig. Da er kein Knochengerüst hat wie andere Wesen, kann er sich schmal machen wie ein Handtuch oder flach wie ein Pfannkuchen. Er bewegt sich unauffällig, schlängelt sich gern durch und hält sich am liebsten dort auf, wo es viele Menschen gibt. Paul ist ein Pupsmonster. Dienstags pflegt er – wenn nichts anderes Wichtigeres ihn lockt – ins Museum zu gehen, denn montags sind sie alle geschlossen. Da schlängelt er sich lautlos durch die Beine der Besucher. Und wenn dann eine ganze Horde Menschen andächtig vor einem Kunstwerk verweilt und der Museumsdirektor gerade das Bild erklärt: „Sie können hier den außergewöhnlichen Pinselstrich des Künstlers sehen, der mit seinen ausdrucksstarken Farben...!", dann geschieht es!
Mitten im Satz verstummte der Direktor plötzlich, als hätte er den Faden verloren. Denn Paul hatte unbemerkt einen kräftigen Pups losgelassen, dessen Duft oder besser: dessen Geruch die Nase des Museumsdirektors erreicht hatte. Und die Nasen der Besucher auch. Dann schauten sich alle etwas unbehaglich um, musterten einander aus dem Augenwinkel und dachten: ‚Ob der's wohl war, mit den roten Haaren? Oder der mit dem dicken Bauch und der Hornbrille? Oder die mit den hochhackigen Lackschuhen?'
Zum Glück ging der Museumsdirektor rasch weiter zum nächsten Bild, wo die Luft rein war und fuhr dann fort: „Hier sehen Sie ein besonderes Werk von Picasso, der als erster Künstler in diesem Bild ‚Der Pups', nein, ich meine natürlich ‚Der Torero'..."

Paul kicherte, weil er den Direktor ganz schön durcheinandergebracht hatte. Er suchte sich eine andere Gruppe und freute sich, wenn alle wieder betreten umeinander blickten, sobald er seinen Pups losgelassen hatte.
Manchmal rief ein Kind ganz laut: „Hier hat einer gepupst!“ Das war dann allen noch peinlicher.
Mittwochmorgens besuchte Paul gerne verschiedene Klassenzimmer. In der Grundschule war es ihm allerdings bald langweilig. Er fiel dort nicht groß auf. Denn er war dort nicht der Einzige, der seine Luft verpuffen ließ. Und in jeder Pause wurde dort tüchtig durchgelüftet. Das passte ihm gar nicht.
Bei älteren Schülern konnte er wenigstens mal einen Streit auslösen.
„Eh, warst du das? Mensch Manni, du Stinker!“, rief der eine plötzlich.
Aber Manni wehrte sich: „Halt die Klappe! Warst du wahrscheinlich selber, du Pupser!“
Paul freute sich dann über das Durcheinander, das er angezettelt hatte.
Mit höchstem Vergnügen fuhr Paul im Bus. Er versteckte sich gelegentlich in Jeans-Hosenbeinen oder unter einem lockeren Hängekleid. Und irgendwann legte er dann los. Meist gab es viel Platz um seine Opfer herum, weil die Leute schnell in eine andere Richtung drängten und hinter ihren Einkaufstüten Schutz suchten.
Manchmal rief auch jemand, der gute Laune hatte:
„Hey! Gibt’s jemand, der Frischluftspray eingekauft hat? Der könnte uns mal ’ne Dosis verpassen!“
Einige, die auch gute Laune hatten, lachten, andere stiegen an der nächsten Haltestelle aus.

Ja, das Busfahren machte ihm Spaß, ebenso wie das Eisenbahnfahren. Und sogar im Flugzeug ist Paul schon mitgeflogen. Für seine Fernreisen brauchte er keine Fremdsprachen zu sprechen. Seine Pupser hatten fast überall die gleiche Wirkung. Nur riefen die Leute dann: „Isn’t it awful?“, oder: „Mon dieu, quel odeur!“, oder: „Xy#rjm&d qpü%!“

Einmal in der Woche ging Paul ins Kino oder Theater. Das genoss er besonders, weil die Leute ja nicht ohne Weiteres ihre Plätze wechseln oder woanders hingehen konnten. Es sei denn, sie eilten an die frische Luft, aber da verpassten sie ja den Film.

So lebte unser Pupsmonster also meist zufrieden und vergnügt und trieb seine Scherze in Wartezimmern, im Gerichtssaal, in Gasthäusern, an Supermarktkassen, beim Friseur, in Aufzügen und im Winter sogar in den Berggondelbahnen der Skifahrer.

Er wurde nie gesehen, also auch nie gefangen und zur Rede gestellt. Er hatte alles umsonst und hätte weiter Tag für Tag sein Pupsmonster-Leben genießen können, wenn, ja wenn er nicht an einem warmen Junitag eine Pupsmonster-Regel vergessen hätte:

Pupsmonster haben KIRSCH-VERBOT!

Sie dürfen alles essen, nur keine Kirschen. Da sie keine Zähne besitzen, müssen sie die Kirschen ja im Ganzen runterschlucken. Und die Kirschkerne, nun ja, die versperren sozusagen die Düse für ihre Pupser. Und was dann geschieht, ist für ein Pupsmonster einfach SCHRECKLICH!

Statt eines Pupsers wird mit einem ordentlichen Knall ein Kirschkern herausgeschleudert. Furchtbar für Paul. Nicht nur, dass niemand mehr durch ihn in Verlegenheit geriet, nein, im Gegenteil: Er musste Angst haben, entdeckt zu werden. Je nachdem, wohin sein Kirschkern flog (das ließ sich leider nicht einfach steuern), konnte er damit den Busfahrer treffen, der dann sofort den Bus anhielt und wissen wollte, wer das war. Oder der Kern landete bei einem Herrn auf dessen Vanille-Rum-Eiskugel. Und der ließ sofort den Geschäftsführer der Eisdiele rufen, um sich zu beschweren. Er drohte sogar damit, die Eisdiele schließen zu lassen. Paul war todunglücklich. Sein himmelblauer Körper wurde blass und schwer von den vielen Kirschkernen. Sein Gesicht blickte müde und traurig.

Meistens sind Monster ja alleine unterwegs. Es kommt aber ab und zu vor, dass sich mal zwei in der Straßenbahn oder im Theater treffen. Und so war es auch an Pauls drittem Kirschkerntag. Er stand gerade vor der Stadtbücherei. Normalerweise wäre er glücklich hineingehuscht und hätte sich unter die Leser gemischt. Heute zögerte er, ob er überhaupt in den Lesesaal gehen sollte. Ein Kirschkernknall machte längst nicht so viel Spaß wie ein Pups. Und wer weiß, wo der Kern wieder hinfliegen würde.

„Hallo Paul!“, tönte es da hinter ihm.

Als Paul sich umdrehte, stand sein Freund Matze vor ihm. Matze war ein Schreckmonster. Seine Aufgabe war es, Menschen und auch Tiere heftig zu erschrecken.

„Du siehst aber komisch aus, wie Milch mit Spucke!“, rief Matze und schaute Paul von oben bis unten an. „Bist du krank? Am Ende hast du die kalifornische Grippe?“

Paul schüttelte den Kopf. „Kirschen gegessen“, flüsterte er, „und jetzt geht gar nichts mehr, du weißt schon! Nur noch Kirschkerne fliegen raus und treffen die Leute an

den unmöglichsten Stellen. Irgendwann erwischen sie mich. Ich weiß nicht mehr, wie es weitergehen soll."
„Ich kenne mich da nicht aus. Du musst zu einem guten Doktor!", bestimmte Matze. „Ich war letzte Woche bei einem im Wartezimmer und wollte die Leute erschrecken. Aber die hatten alle Kopfhörer auf und hüpften und lachten wie verrückt. Ich kam gar nicht zum Einsatz. Auch den Doktor konnte ich nicht erschrecken", fuhr Matze aufgebracht fort. „Er hatte eine Clownsnase auf, saß auf einer Schaukel und wollte mir einen Lutscher schenken, gerade als ich meine grässlichste Fratze machte." Matze seufzte und zeigte seine Enttäuschung. „Aber gut muss der Doktor sein. Er bot mir eine Stelle an: eine Stunde am Tag für besondere Aufgaben!" Matzes Monsteraugen glitzerten giftgrün. „Ich habe die Arbeit angenommen. Morgen geht es los. Komm doch mit in die Spechtgasse 17!"

Als Susi den Türöffner drückte, war es genau acht Uhr dreißig. Eine scheußliche Gestalt latschte in den Flur. Susi trat hinter dem Empfangstisch hervor, ehe die abschreckende Erscheinung ins Wartezimmer laufen konnte.
„Sie sind sicher der neue Mitarbeiter von Doktor Frohmut?", wandte sie sich an den Besucher.
„Jawohl! Ich soll heute antreten!", gurgelte Matze. Schreckmonster haben einfach eine furchtbare Aussprache. Susi fand das wohl ganz normal. „Dann gehen Sie bitte gleich hier links durch die Seitentür! Der Doktor wird bald für Sie da sein." Mit diesen Worten schob sie das Schreckmonster in die angegebene Richtung. Dann drehte sie sich um zu einem weiteren Besucher, einem

blassen, schmalen Kerl. „Und wer sind Sie?“ „Ich bin Paul, das...“ Er schluckte gerade noch rechtzeitig „Pupsmonster“ hinunter, weil es ihm unmöglich erschien, diese Bezeichnung hier laut zu sagen. „Das ist mein Name!“, ergänzte er stattdessen. Susi machte einen Eintrag in den Computer und gab ihm den Mutsaft.

Paul hielt das Glas weit von sich. „Sind da Kirschen drin?“, fragte er unsicher.

„Nein, aber Frösche, Kellerasseln und Würmer“, antwortete Susi mit ernster Miene.

„Wenn's weiter nichts ist...“, murmelte Paul und trank das Glas in einem Zug leer.

Dann trat er ins Wartezimmer. Klara hatte gerade erzählt, wie es zu ihrer Durchsichtigkeit gekommen war. Nun schauten alle neugierig auf den neuen Besucher.

„Ich bin Paul, das ist mein Name“, wiederholte er sicherheitshalber noch einmal.

„Und ich bin...“ Sie mussten alle lachen, weil sie gleichzeitig ihre Namen genannt hatten. Die Stimmung war gelöst, sie hatten sich in der kurzen Wartezeit alle ein bisschen kennengelernt.

„Dann soll ich wohl auch erzählen, warum ich zu Doktor Frohmut will?“, fragte Paul. Vier Köpfe nickten ihm heftig zu wie eine verschworene Bande. „Ich gehöre zu den Monstern. Genau genommen bin ich ein Pupsmonster“, flüsterte er verlegen.

3. Juli, acht Uhr zweiundvierzig

Carlo Samtig – ein Undieb

Susi Schabernack guckte auf die Uhr. Ungewöhnlich, dass der Doktor so lange fortblieb. Sie zuckte mit den Schultern. ‚Was soll's', dachte sie.
„Und wer sind Sie?", fragte sie einen rundlichen Mann mit braunen Kringelhaaren, der merkwürdig geduckt und ganz plötzlich neben ihrem Empfangstisch stand. Unbemerkt in dem Tohuwabohu der fliegenden Stühle war er durchs Fenster geklettert und hatte sich am Eingang versteckt. Gerade rechtzeitig, bevor wieder Ruhe einkehrte und der blasse, blaue Kerl erschien.
Nun erschrak Carlo. Er war es nicht gewohnt, dass man ihn entdeckte. ‚Alle Achtung', dachte er, ‚die rote Lockenfrau war wohl ziemlich clever.'
Er richtete sich auf und sagte stockend: „Ähm, ich bin... äh... Carlo. Carlo, der Undieb."
„Das macht nichts!", erwiderte Susi und reichte ihm das Mutgetränk. „Der Doktor lässt alle zu sich. Nehmen Sie Platz, bis Sie dran kommen."
Zum Glück bemerkte niemand, dass er blass geworden war. Zögernd betrat er das Wartezimmer.
„Was ist denn ein U n d i e b?", fragte Klara neugierig, die das Wort aufgeschnappt hatte.
„Och, das ist eine lange Geschichte", murmelte Carlo.
„Erzählen!", riefen alle wie aus einem Mund.

Carlo Samtig ist nicht besonders groß. Eher ein bisschen mollig mit einem tellerrunden, gemütlichen Gesicht, das von widerspenstigen dunklen Kringelhaaren umgeben ist. Seine Augen leuchten hellbraun wie Karamellbonbons. Auf dem rechten Oberarm trägt er ein Tattoo. Es zeigt einen Totenkopf mit gekreuzten Knochen. Den sieht man aber nur, wenn Carlo ein kurzärmeliges T-Shirt anhat.

Auf dem rechten Handrücken ist ein Tattoo von Knall, seinem Dackel, der ihn auf allen Diebeswegen begleitet. Knall ist so dressiert, dass er immer Schmiere steht – also aufpasst – und bei Gefahr bellt, damit Carlo rechtzeitig weglaufen oder sich verstecken kann.
Eigentlich könnten die beiden recht zufrieden sein. Knall ist das auch, sofern man von einem Hund sagen kann, dass er glücklich ist. Aber Carlo ist geknickt. Das heißt, er selber würde sagen, er sei „saumäßig schlecht drauf!“ Vermutlich liegt das daran, dass sein Bruder und seine Kumpels ihn als „Undieb“ beschimpfen.
Dabei war Carlo zunächst einmal ein ganz normaler Dieb. Er wuchs in einer berühmten Diebesfamilie auf – bereits in der fünften Generation – und erhielt eine fantastische Ausbildung. Aufgrund dieser Lehre gelangen ihm auch äußerst kniffelige Diebeszüge mühelos. Es war eine Kleinigkeit für ihn, seine Nachbarin, Frau Klingelohr, zu überlisten. Während sie auf dem Balkon den ersten Teil der Zeitung las, klaute er den zweiten Teil, ohne dass sie etwas bemerkt hätte. Natürlich suchte sie vergeblich überall. „Muss der Wind wohl weggeblasen haben“, murmelte sie kopfschüttelnd. Aber wenn dann auch noch das Marmeladenglas auf ihrem Frühstückstisch fehlte, konnte das wohl nicht der Wind gewesen sein.
„Wieso bin ich so zerstreut?“, schimpfte sie mit sich selbst.
Im Park konnte Carlo den Leuten das Sitzkissen unter dem Popo wegstibitzen – sie merkten es nicht.
In der Straßenbahn klaute er Schulkindern die Baseballmütze vom Kopf, setzte sie sich selber auf und es bemerkte keiner.

Unschlagbar war er im Supermarkt. Er bezahlte ganz artig seinen Kaugummi. Niemandem fiel es auf, welche Schätze er so nebenbei mit nach Hause nahm: Schokoriegel, Limonade, Mandelkekse, Würstchen, Nüsse und Ketchup. Nur die anderen Leute – als sie mit ihren Einkaufstüten zu Hause waren – wunderten sich, wo die Schokoladenriegel, Limonade, Mandelkekse, Würstchen, Nüsse und der Ketchup geblieben waren.

In der Nacht klaute Carlo am liebsten unabgeschlossene Fahrräder, verschiedene Schlüssel, die unter Blumentöpfen oder Fußabstreifern versteckt waren, Gebisse aus Zahnputzgläsern, Schmusetiere aus den Armen schlafender Kinder und Katzen, die ihm über den Weg liefen.

Wenn er Hunger hatte, stieg er bei Frau Gutwisser in der Spechtgasse 19 durchs Küchenfenster und bediente sich aus ihrem Kühlschrank. Mittwochs gab es immer die leckeren Himbeertörtchen.

Wenn ihm langweilig war, besuchte er die schicke Villa in der Herrenstraße. Dort gab es im Kinderzimmer Dutzende DVDs, Gameboys, iPhones und ferngesteuerte Autos. Hier spielte er unbemerkt ein gutes Stündchen und nahm sich zum Schluss die spannendste DVD mit nach Hause.

Carlo hatte alles, was sein Herz begehrte. Und wenn ihm etwas fehlte, besorgte er es sich auf seine Weise. Er war erfolgreich und sehr angesehen bei seinem Bruder und seinen Freunden. Sie alle wurden schon einmal beim Klauen erwischt und saßen sogar für kurze Zeit hinter Gittern. Nur Carlo nicht. Er hatte immer Glück.

Eines Nachts, genau genommen war es an einem Dienstag, klaute er wie immer die Zigarren bei Professor Klüger, der dienstags immer Karten bei Professor

Durchblick spielte. Als er im dunklen Flur stand und eben die Tür zum Arbeitszimmer, in dem auch die Zigarren lagen, öffnen wollte, hörte er ein Wimmern. Es kam aus dem Zimmer nebenan. Er legte sein Ohr an die Tür und lauschte.

„Ich will meinen Carlo wiederhaben!", schluchzte eine Kinderstimme. „Carlo, wo bist du?"

Carlo erschrak. Hatte ihn das Kind entdeckt? Hatte man ihn beobachtet? War es ein Trick und Professor Klüger war heute gar nicht zum Kartenspielen gegangen?

„Carlo, wo bist du?", erklang die Kinderstimme jetzt noch lauter und jämmerlicher.

Da ging plötzlich eine andere Tür auf. Eine Frau trat heraus in den Flur. Carlo konnte sich gerade noch hinter die breite Kommode ducken, um nicht gesehen zu werden. Die Frau ging in das Kinderzimmer und sagte: „Jetzt schlaf doch ein, Jettchen! Dein Kater Carlo wird sicher morgen wiederkommen. Katzen verlaufen sich nicht. Du wirst sehen, er findet den Weg wieder zu uns."

„Aber er soll jetzt kommen!", weinte Jettchen. „Er hat noch nie woanders geschlafen als bei mir. Vielleicht hat ihn jemand eingeschlossen und er fürchtet sich ganz arg?" Nun heulte Jettchen herzzerreißend.

Carlo stand der Schweiß auf der Stirn. Er nutzte den Lärm im Kinderzimmer, um rasch die Wohnung zu verlassen. An die Zigarren dachte er nicht mehr. Wohl aber an das schwarze Katzentier mit den weißen Flecken an den Ohren, die wie Kopfhörer aussahen. Es schoss ihm durch den Kopf, dass er die Katze vorhin mitgenommen hatte. Aus Spaß, weil sie ihm gefiel und damit Knall etwas Gesellschaft bekam. Das musste Kater Carlo sein! Ausgerechnet trug er auch noch seinen Namen!

Als Carlo die Wohnung aufschloss, saß das Katerchen laut miauend im Flur und blickte ihn vorwurfsvoll an. Es hatte die Eingangstür zerkratzt, den Schnittlauchtopf vor dem Küchenfenster runtergeschmissen und aus Carlos Kopfkissen quollen die Federn heraus. Knall stand mit steifen Beinen vor dem Wohnzimmer, als wolle er es vor dem Kater verteidigen, und wusste nicht, ob er bellen, knurren oder jaulen sollte.

Carlo musste trotz des Durcheinanders lachen. Aber gleich darauf hatte er ein komisches Gefühl, das er noch nicht kannte: Er *schämte* sich! Er schämte sich und hatte Mitleid mit dem armen Kater und mit Jettchen.

„Komm, mein Guter, wir wollen keine Zeit verlieren!"

Er nahm den Kater, packte ihn in seinen Rucksack und fuhr so schnell er konnte zurück zum Haus von Professor Klüger. Dort ließ er den Kater direkt unter dem Fenster von Jettchens Kinderzimmer aus dem Rucksack und versteckte sich im Gebüsch des Vorgartens.

Kater Carlo miaute laut und lauter. Er musste seine Heimat erkannt haben. Endlich ging das Licht in Jettchens Zimmer an. Das Fenster wurde geöffnet und ein Kinderkopf schaute heraus. „Bist du es, Carlo?", rief Jettchen aufgeregt.

Im gleichen Augenblick riss Jettchens Mama die Haustür auf, schloss Kater Carlo in die Arme, um ihn sofort zu Jettchen zu bringen.

Carlo lächelte. In dieser Nacht ging er nicht auf seine übliche Tour, sondern wanderte noch viele Stunden ziellos durch den Ort. Er dachte nicht ans Klauen. Ihm fiel plötzlich ein, wie traurig der kleine Junge geschaut hatte, dessen grünes Fahrrad er letzte Woche vor der Haustür gestohlen hatte. Er dachte an Frau Klingelohr,

die völlig durcheinandergeraten mit hochroten Wangen ihre Brötchen auf dem Balkontisch suchte, die sie eben fürs Frühstück hingelegt hatte. Und auch der Junge in der Straßenbahn fiel ihm ein, der mit gesenktem Kopf nach Hause lief, weil er seine neue Baseballkappe verloren glaubte.
In dieser Nacht klaute Carlo nichts mehr. Er fühlte sich unwohl, eigentlich eher grässlich. Es grummelte in seinem Bauch, als hätte er Melonen, Gurken, Hering und Torte gleichzeitig gegessen. Er ging bald ins Bett und träumte schaurige Geschichten von Riesenkatzen und tausend heulenden Kindern.

Am nächsten Morgen klingelte das Telefon. Sein Bruder Eddi, genannt der „Türknacker", war am Apparat.
„Wo warst du gestern Nacht? Wir haben dich bei der Villa Goldstein erwartet. Oder hast du vergessen, dass wir den Safe aufknacken wollten?", schnaubte er. „Knall war zur Stelle und hat uns vor der Polizei gewarnt. Aber du? Hast du gepennt oder was?"
Carlo fuhr sich durch seine dunklen Kringelhaare.
„Ich weiß nicht, was los war", sprach er ins Telefon. „Es ist mir selber ganz unheimlich, Eddi. Aber irgendwie", stotterte er, „macht mir das Klauen keinen Spaß mehr. Ich glaube, ich muss aufhören!"
Nun war es raus, was er den ganzen Morgen schon dachte.
„Bist du verrückt?", schrie Eddi. „Vollkommen bekloppt? So ein Talent wie du! Du hast wohl einen an der Waffel? Das kannst du nicht machen, du alter Käskopp!"
Carlo hängte ein. Dann ging er hinunter in die Garage, holte das grüne Kinderfahrrad, schob es in die Mühl-

gasse und lehnte es an die Haustür, wo es vor zwei Tagen gestanden hatte.
Mittags nahm er die Straßenbahn mit den Schulkindern und ließ die neue Baseballkappe auf dem Sitz neben dem Jungen liegen, dem sie gehörte.
Am Nachmittag hatte Carlo das meiste Diebesgut der letzten Woche dahin zurückgebracht, wo er es genommen hatte. Nur die Himbeertörtchen und die Zigarren konnte er nicht zurückgeben, weil er die gegessen beziehungsweise geraucht hatte.
Nun saß er auf seinem lila Knautschkissen vor dem Fernseher und schaute ins Leere. Er bekam nichts von dem spannenden Räuberfilm mit, weil seine Gedanken hin und her schwirrten. Sein Bauch grummelte nicht mehr, aber dafür war sein Kopf schwer. Oder war es sein Herz?
Was sollte er bloß machen?
Wenn er ein kleiner Junge wäre, hätte er jetzt gerne ein bisschen geheult. Aber er war ein großer Junge.
Und so fluchte er laut durchs Zimmer: „Himmelarmundzwiebelbraten!“, oder: „Mistkarton und Rülpsmütze!“, oder: „Müllstinker und Wurstmonster!“
Nach seinem letzten Fluch flog krachend die Tür auf und sein Bruder Eddi, der Türknacker, stand vor ihm. „Was ist mit dir, du Knatschkiste? Du wirst doch nicht kneifen?“, fuhr er ihn wütend an. „Um sieben treffen wir uns bei Schmier-Gustel und gehen den Plan für den Bilderklau durch!“ Damit meinte er den geplanten Einbruch bei Hieronymus Pilz, dem örtlichen Künstler, dessen Klecksbilder in letzter Zeit sehr kostbar geworden waren.
Carlo schüttelte gequält den Kopf. „Ich kann nicht!“, flüsterte er. „Oder vielleicht will ich nicht mehr. Ich weiß einfach nicht, was ich machen soll.“

„Du Sumpfhose, du dreimal karierter Puddingfrosch!“, fluchte jetzt sein Bruder. „Wir brauchen dich, du bist einer von uns. Denk mal, wie Papi und Mami enttäuscht wären nach deiner langen Ausbildung und deinen klasse Erfolgen!“

„Ich möchte ja auch weitermachen“, sagte Carlo verzweifelt. „Ich liebe meinen Beruf!“ Seine karamellfarbenen Augen blitzten kurz auf. Dann wurden sie wieder trüb. „Aber irgendeine Stimme sagt dauernd zu mir: ‚Das darfst du nicht‘!“

„Mensch, Bruderherz, du bist doch kein UNDIEB!“, schimpfte Eddi und versuchte Carlo nun mit Engelszungen zu überreden. Als das nicht half, fluchte er wieder, bettelte, jammerte, packte seinen Bruder an den Hosenträgern, aber Carlo war nicht zu bewegen, bei Hieronymus Pilz einzubrechen.

Nach einer Stunde waren beide Brüder erschöpft von dem Streit, aber sie fanden keine Lösung.

„Letzte Woche, als ich in der Spechtgasse 4 die Gartenlaube mitgenommen habe“ (keiner von beiden benutzte je das Wort „klauen“), begann Eddi stockend, „sah ich in der Nähe in irgendeinem der Gärten ein Schild“, fuhr er fort. „Darauf stand: ‚Doktor Fidelius Frohmut – heilt alles‘! Vielleicht solltest du alter Matschpfirsich da mal hingehen!“, brummelte Eddi. Er pfiff nach Knall und verließ die Wohnung, wobei die Tür wieder krachend ins Schloss fiel.

Als geübter Einbrecher schritt Carlo nicht auf dem üblichen Weg durch die Haustür der Spechtgasse 17. Er stromerte erst einmal unauffällig durch den verwilderten Garten und pirschte sich an ein Fenster heran,

aus dem ein ziemliches Getöse klang. Die Fensterläden standen ab wie Ohren von Riesenelefanten. Carlo grinste. So etwas Komisches hatte er noch nie gesehen. Und er kam wirklich viel herum. Nicht nur in Wiesenquellbrück. Er hatte auch schon in Pümmeritz und Makrelendorf „gearbeitet" (so nannte er das Klauen).
Nun reckte er sich auf die Zehenspitzen und linste vorsichtig ins Zimmer. Auch das hatte er noch nie gesehen! Dass die Patienten im Wartezimmer offenbar durch die Luft geschmissen wurden mitsamt den Möbeln, auf denen sie saßen.
„Himmelspeckundpfifferling!", zischte er durch die Zähne.

„Ja, und jetzt bin ich hier und warte auf den Doktor", schloss er seinen Bericht.
Das Grüppchen hatte ihm atemlos gelauscht. Ein Dieb war er, ein echter Dieb! Nein, ein Undieb, das war ja noch toller!
„Das mit der Baseballkappe war ich", sagte Ted plötzlich. „Ich war sehr froh, als ich sie wieder hatte!" Er holte kurz Luft. „Aber ist es nicht langweilig, wenn man ein anständiger Undieb wird?" Irgendwie dachten das alle und nickten heftig.
Carlo wurde ganz komisch von so viel Mitgefühl. Er machte schnell einen Witz, um alle zum Lachen zu bringen.

3. Juli, acht Uhr dreiundfünfzig

Kuno Karpfen – ein Fisch mit Händen

Kuno Karpfen ist kein richtiger Karpfen. Kein Mensch beziehungsweise kein Fisch weiß, warum er so genannt wurde. Kuno ist ein ganz normaler Fisch, ein bisschen rund, ein bisschen faul, ein bisschen eingebildet. In seinem Schuppenanzug aus Silber und meergrüner Haut schwimmt er im Ulmensee und hat seine Glupschaugen überall, damit ihm kein leckerer Bissen entgeht. Sein Zuhause ist auf dem Grund des Sees zwischen Moorveilchen und Wasserlilien und sein behagliches Wasserbett hat Polster aus weichstem Sand und Schlamm, eingefasst von dunkelgrünen Vorhängen aus Teichgras. Jeden Morgen – sozusagen als Frühsport – wedelt Kuno seine Bauchflossen mit und gegen den Strom. Auch die Rücken- und Schwanzflossen trainiert er eifrig. Er dreht sich im Kreis und stößt – gemessen an seiner Leibesfülle – pfeilschnell an die Wasseroberfläche, um gleich danach blitzschnell in die Tiefe abzutauchen. Manchmal gelingt es ihm dabei, eine Mücke zu erhaschen. Dazu singt er seinen Flossen-Rap:

Aufgetatzt und hergesopft,
Angeminzt und vorgelopft.
Jetzt die Kiemen umgetrüllt
Und die Schuppen abgezüllt.
Nun die Räfte an die Klosen,
Schneller rapfen, rüpfen, mosen.
Dreimal bapf dich,
Schüpf dich,
Plopps.
Und zum Schluss ein tiefer Flopps!

Nach der Fitness-Gymnastik gibt es Frühstück. Kuno ist nicht sehr wählerisch. Er schluckt sein Müsli aus Pflanzensprossen und frischen Blättern der Sumpfanemone. Und wenn ein paar Wasserflöhe dabei sind, schluckt er auch die.

Wichtiger als das Frühstück sind ihm seine Freunde. Er sagt: „Wenn du deine Freunde nicht verlieren willst, musst du sie besuchen bei Wasser und Wellen!“ Bei uns heißt das „bei Wind und Wetter.“

Also machte sich Kuno an diesem Morgen etwas später auf den Weg zu seiner ersten Station, zu Amalia, der Teichmuschel. Eigentlich war sie seine Tante. Aber Kuno sagt: „Auch Verwandte können wie Freunde sein!“ Er schob den Vorhang aus Elfengras beiseite und paddelte in Amalias Wohnung.

„Na, mein Junge, wieder fleißig die Flossen trainiert?“

„Och ja, schon. Ich will ja bei den Teich-Schwimmmeisterschaften im August mitmachen.“

„Aha, also die Strecke von Pümmeritz nach Makrelendorf. Das sind fast zwei Kilometer!“, dachte Amalia laut.

„Sogar fast drei“, verbesserte Kuno. „Und die Konkurrenz schläft auch nicht. Hugo Kiemlich, der Vorjahressieger, ist wieder dabei. Und der rasende Heribert Hecht ist auch angemeldet.“ Er zog die Stirn so in Falten, dass es aussah, als hätte er silberne Lockenwickler auf dem Kopf. Aber seine Bedenken dauerten nicht lange. „Ich weiß, dass ich super gut drauf bin!“ Er klatschte in die Flossen, als ob er sich selber applaudierte.

„Das glaube ich auch“, lachte Amalie, „und außerdem bist du kräftiger als die beiden zusammen! Was hältst du von einem Stück Quallenbrot? Oder doch lieber den Kaulquappenpudding?“

Kuno hatte gehofft, dass seine Tante eine ihrer Spezialitäten anbieten würde.
Bevor er antworten konnte, lachte sie: „Ich weiß, den Kaulquappenpudding natürlich, dumme Frage!“ Und schon eilte sie im Tempo einer Teichmuschel, um ihrem Neffen eine Portion zu holen.
„Vergiss vor lauter Schwimm-Wettbewerben nicht, den Sicherheitsunterricht zu besuchen!“, ermahnte sie Kuno.
„Ich pass schon auf, dass ich in keine Schiffsschraube komme, an keinen Angelhaken und in kein Netz!“, stöhnte Kuno genervt und rollte die Augen zur Wasseroberfläche.
Als er den letzten Bissen gemummelt hatte, bedankte er sich bei seiner Tante, wedelte mit der Schwanzflosse und steuerte auf den südlichen Teil des Sees zu, wo sein Freund Olli wohnte, der Grottenolm.
„Was machst du?“, fragte Kuno seinen Freund.
„Weiß nicht. Wir können ja was zusammen machen“, antwortete Olli.
Zuerst spielten sie Fußball. Also, so etwas Ähnliches wie Fußball, sie hatten ja keine Füße und keinen Ball. Aber sie hatten andere Körperteile und Kieselsteine!
Olli war etwas kleiner als Kuno, dafür aber wendiger mit seinem geschlängelten Grottenolm-Schwanz.
Kuno war größer und hatte eine breite Schwanzflosse. Aber er war schwerfälliger in den kurzen Bewegungen. Bis er sich einmal um sich selber drehte, hatte Olli schon drei Drehungen gemacht und den Kieselstein ins Algentor geschossen.
Olli war der bessere Fußballer und trug stolz das königliche Ulmensee-T-Shirt mit der goldenen Krone.
Kuno war der bessere Schwimmer und trug sehr stolz

die königliche Ulmensee-Badehose mit dem goldenen Anker.

Nach dem Fußballspiel holte Olli für jeden ein Glas Seerosensaft. Dann erzählten sich die Freunde ihre ersten Ferienerlebnisse, denn seit Montag gab es keine Schule mehr im See.

„Gestern habe ich die Lizzy aus der Wasserlinsenstraße erschreckt! Ich war knapp hinter ihr, sie hat mich aber nicht bemerkt. Und dann habe ich wie der alte Seeteufel gebrüllt. He, ist die losgerast und hat sich gleich wie ein Aal im Sand eingebuddelt!", grinste Olli. „Als sie mich sah, hat sie natürlich furchtbar Stress gemacht!"

Der alte Seeteufel war der älteste und erhabenste Wels im See. Warum er so hieß, wusste keiner. Vielleicht weil er so groß wie ein U-Boot war und vorn an seinem Kopf außer seinen Bartfäden zwei Hörner saßen. Tatsächlich konnte er so gurgelnd brüllen, dass einem das Blut in den Adern stockte. Dennoch war bekannt, dass er komischerweise nie jemals jemandem etwas Böses getan hatte. Nur, dass sich alle durch sein düsteres, riesiges Erscheinungsbild erschreckten, aber dafür konnte er schließlich nichts.

„Ich wollte gestern zum Wrack des alten Postschiffes schwimmen. Es heißt ja immer noch, dass dort eine Schatzkiste verborgen ist, aber mein Papa..." Weiter kam Kuno nicht.

Genau in diesem Moment tauchte Billie Blue, die Info-Ente, vor seinem Maul auf. Sie ist eine Stockente mit herrlichen blauen Kopffedern. Sie nennt sich Billie Blue. Das können im See nur wenige übersetzen, weil es englisch ist. Sie ist sehr stolz auf ihren Namen.

„Ich bin schon bis nach Amerika geflogen!", behauptet

sie. „Und dort nannten mich alle gleich Billie Blue! Man kommt über den größten See, den es gibt“, erklärt sie geduldig weiter. „Sein Wasser ist elend salzig und es gibt Wellen höher als die Pümmeritzer Berge!“

Billie Blue bringt die wasserdichte Tageszeitung, den „Ulmer Tiefseeboten“, für die Wasserbewohner im Ulmensee. Sie ist so eine Art moderne Postbotin. Da E-Mail, Internet und Briefmarken zur Nachrichtenübermittlung im See nicht geeignet sind, hatte Billie Blue Echolot-Stationen eingerichtet, mit deren Hilfe die Seebewohner telefonieren konnten. Denn zum Glück leitet das Wasser die Schallwellen. Aber sie vermittelt auch Nachrichten von über dem Wasser, also von der Erde.

„Die Ausflugsdampfer fahren jetzt häufiger, in manchen Teilen des Landes sind schon Sommerferien. Ach, gestern wäre beinahe ein Nichtschwimmer ertrunken und am Ostufer bei Wiesenquellbrück ist ein Roboter ins Wasser gefallen. Er wurde aber von zwei Buben wieder rausgezerrt!“, wusste sie zu berichten.

Kuno konnte sich nicht vorstellen, dass es Wesen gab, die nicht schwimmen können. „Schwimmen ist doch das Einfachste von der Welt!“, sagte er zu Billie Blue.

„Na ja, für dich. Ich weiß nicht, ob du im Fahrradfahren gut wärst!“

Die Ente kontrollierte die Telefon-Station und ruderte dann zurück zur Oberfläche, zum Bereich der Luftwesen. „Schöne Ferien!“, rief sie Kuno und Olli noch zu.

„Ich glaube, ich muss jetzt auch weiter“, meinte Kuno. „Meine Cousine Wanda rief gestern an. Sie hat ein Seepferdchen bekommen und will reiten lernen.“

„Seepferdchen gibt es doch bei uns gar nicht“, sagte Olli.

„Ich weiß auch nicht. Vielleicht nimmt sie Reitunterricht auf einer Wasserschnecke!“
Die beiden lachten sich halbtot bei dem Gedanken.
„Tschüss Olli, morgen kommst du mich besuchen!“
Kuno paddelte los und stellte sich vor, wie Wanda auf der Seeschnecke sitzt und „Hü!“ und „Hott!“ ruft. Er prustete vor Lachen.
In diesem Moment sah er einen fetten Wurm vor sich schwimmen. Er dachte: ‚Was für ein Glück! Gleich ist Mittag, der kommt mir wie gerufen!‘ Es dauerte weniger als eine Sekunde und schon biss sein großes Maul voll Behagen zu.
Im gleichen Augenblick fühlte er einen beißenden Schmerz im Mund, als wäre ein Messer in seinen Kiefer gefahren. Und dann schien dieses Messer ihn mitzureißen. Ohne dass er seine Flossen rührte, zischte er durchs Wasser. Schließlich dämmerte ihm eine schreckliche Gewissheit: Das Messer war ein Haken, an dem der verlockende Wurm hing, und der Haken gehörte zu einer Angel!
E i n e Sekunde hatte er nicht aufgepasst und vergessen, was sie im Sicherheitsunterricht gelernt hatten:
VORSICHT vor besonders fetten Bissen im Wasser!
Der Schmerz war schrecklich. Schweiß stand ihm auf der Stirn, sein Herz hämmerte. Was tun?
Er versuchte, den Haken auszuspucken, aber der saß fest. Jetzt sah er auch den Faden, an dem er hing, an dem ihn fremde Kräfte durchs Wasser zerrten.
„Stopp!“, sagte sich Kuno. „Irgendwas muss sofort passieren, ehe es zu spät ist!“ Er paddelte mit aller Kraft mit seinen starken Flossen gegen den Zug. Aber die Schnur hielt und der beißende Schmerz in seinem

Maul wurde nur noch schlimmer. Schließlich nahm er seine ganze Lebensenergie zusammen und schrie aus Leibeskräften: „Hiiiiilfe! Ich hänge am Haken! Hört mich denn keiner! Hiiiiilfe!“

Plötzlich, aus dem Nichts, tauchte ein riesiger, dunkler Schatten neben ihm auf: Das U-Boot? Der Seeteufel? Das Wasser wirbelte und brauste in tausend Luftblasen um ihn herum.

Dann dröhnte eine Donnerstimme: „Halte dich an meinen Hörnern fest!“ Es war der Seeteufel.

Kuno hatte keine Zeit zu überlegen, wovor er sich mehr fürchten sollte, vor dem unausweichlichen Tod durch den Angler oder vor dem grässlichen Ungetüm mit Hörnern. Er entschied sich für die Hörner und griff mit seiner letzten Kraft danach.

Im gleichen Augenblick gab es einen Ruck in seinem Kiefer und Wurm und Schmerz waren weg. Na ja, der Schmerz nicht ganz. Aber Kuno spürte, dass er vom Haken befreit war.

„Das war höchste Eisenbahn!“, dröhnte die Stimme unter ihm.

Sofort zitterte Kuno wieder, traute sich aber nicht, die Hörner loszulassen.

„Wer bist du?“, flüsterte er, obwohl er es eigentlich wusste.

„Ich bin der Seeteufel! So nennt ihr mich doch, oder?“

„Ja, Herr Seeteufel“, antwortete Kuno schwach.

„Gehst du nicht in den Sicherheitsunterricht?“

„Doch, aber nicht immer.“

„Das wäre aber besser für dich, oder nicht? Damit du nicht mehr solchen Unfug machst. Du könntest heute Abend in der Bratpfanne liegen!“

Kuno stotterte vor Entsetzen. „I... Ich weiß nicht, w... was ich sagen soll. Vielen D... Dank, Herr S... Seeteufel, d... dass Sie mich ge... gerettet haben!“
„Steig ab!“, befahl der Seeteufel.
Kuno gehorchte und ließ die Hörner los. Er wagte aber nicht, den Riesenwels direkt anzuschauen, denn der hatte Augen so groß wie Rettungsringe.
„Was machen wir jetzt mit dir?“
Kuno zuckte die Flossen. „Weiß nicht.“ Seine Knie wären jetzt weich geworden, wenn er welche hätte.
„Ich denke, es wäre besser für dich, wenn du Hände hättest statt Flossen! So kannst du dich das nächste Mal selbst befreien!“, sagte er knapp und verschwand im Dämmerlicht des Sees.
Kaum war der Seeteufel fort, spürte Kuno ein ungemütliches Jucken in seinen Flossen. Und als er vorsichtig an seinem Körper entlang äugte, bemerkte er, dass sich seine Flossen lösten und in die Tiefe des Sees herab sanken.
Er war fassungslos. Tränen schossen ihm aus seinen Kulleraugen. Er kniff sie verzweifelt zusammen. „Hoffentlich ist alles nur ein Traum!“, wimmerte er. „Und wenn ich die Augen aufmache, ist alles wie vorher!“
Das Jucken war jetzt stärker geworden. Gleich darauf wurde sein Körper wie von einem Erdbeben geschüttelt. An einigen Stellen schien seine Haut zu explodieren. Als er sich traute, trotz dieser gräulichen Empfindungen die Augen einen Spaltbreit zu öffnen, sah er, wie sich in der Höhe seiner nicht mehr vorhandenen Brustflossen kleine Hände aus dem Leib stülpten, deren Finger sacht im Wasser klimperten, sich ein- und ausrollten, als machten sie ein Tänzchen.

Vor lauter Staunen vergaß Kuno zu heulen. Fasziniert schaute er zu, wie auch anstelle der Seitenflossen feine hellgrüne Hände herauswuchsen. Und auch wenn er seinen Kopf nicht so weit drehen konnte, spürte er am Rücken und am Körperende ebenfalls Hände heraussprießen.

Ganz kurz überlegte er, wie komisch er als Fisch jetzt aussehen musste. Aber viel dringlicher beschäftigte ihn gleich darauf die Frage: Kann man mit diesen vielen Händen auch *schwimmen*?

Er musste an Billie Blue denken. Zaghaft wie jemand, der zum ersten Mal auf einem Fahrrad sitzt und fahren soll, probierte er, die Hände zu steuern.

Hoppla, das war nicht so einfach! Beinahe wäre er umgekippt. Wenn er nämlich auf der rechten Seite stärker planschte als auf der linken, verlor er rasch das Gleichgewicht und landete kieloben auf dem Rücken! Er ruderte, paddelte, wirbelte und klatschte mit seinen neuen Schwimmhänden.

Endlich, nach einer Ewigkeit, bewegte er sie einigermaßen ausgeglichen und konnte vorwärts, rückwärts, seitlich, nach unten und nach oben durchs Wasser steuern. Aber wie langsam er war! Nichts deutete mehr auf den flotten Schwimmer hin, der die See-Meisterschaften gewinnen wollte. Kuno war tieftraurig. Er musste mit jemandem reden. Das hält keiner alleine aus!

Es kam nur Olli in Frage. Olli, sein Freund, ihm vertraute Kuno. Olli bemerkte gleich, dass etwas mit seinem Freund nicht stimmte. Und dann sah er, wie Kuno langsam mit seinen vielen Händen näher ruderte.

„Wie ist das passiert?“, fragte er und versuchte, nicht zu bestürzt auszusehen.

Kuno war Olli dankbar, dass er ihn nicht auslachte. „Ich hab' nicht aufgepasst. Da war plötzlich dieser leckere Wurm vor mir – und ich hing am Haken!“ Erst jetzt wurde ihm die riesige Gefahr, in der er gesteckt hatte, bewusst.

„Aber du konntest dich zum Glück befreien?“

„Wie denn? Ich musste um Hilfe rufen. Und dann hat mich der...“ Kuno schluckte.

„Der Seeteufel gerettet“, ergänzte Olli.

„So war es. Aber er hat mir die da gezaubert!“ Kuno wedelte mit all seinen Händen. „Damit ich mich das nächste Mal selber befreien kann.“ Nun konnte er ein Schluchzen nicht mehr unterdrücken.

Olli klopfte ihm auf die Schulter.

„Irgendwie ist das doch toll! Von nun an kann dir nichts mehr passieren“, rief er, „und du bist der einzige Fisch im See, der wie die Menschen schwimmt!“

Kuno freute sich überhaupt nicht. „Die See-Meisterschaften kann ich jetzt begraben. Mit diesen komischen Dingern bin ich so langsam wie die Seeschnecken!“, jammerte er. Damit meinte er seine Hände.

„Du könntest im See-Zirkus auftreten!“

Kuno winke ab. „Ich gäbe was darum, wenn ich meine Flossen wiederhaben könnte.“

„Für jeden Zauber gibt es einen Gegenzauber! Such den Seeteufel. Nur der kann dir helfen.“

„Nie im Leben! Du glaubst gar nicht, wie streng und gewaltig er ist! Es muss noch eine andere Lösung geben.“

Während die Freunde angestrengt über eine Lösung nachdachten, tauchte Billie Blue plötzlich vor ihren Köpfen auf – mit einer Flaschenpost im Schnabel. „For you, Olli!“ Sie zeigte bei jeder Gelegenheit, wie gut sie

Englisch sprach. „A message in the bottle, from your cousin aus dem Moorbach!“ Damit meinte sie die Flaschenpost.
„What’s the matter? Was ist los?“, fragte sie, als sie die betretenen Gesichter wahrnahm.
Olli übernahm es, von dem tragischen Ereignis zu erzählen. „Weißt du nicht einen Rat, du kommst doch überall rum?“
Billie Blue betrachtete Kunos Hände nachdenklich. Nach einer Weile sagte sie: „Neulich, als ich über Wiesenquellbrück flog, sah ich in einem verwilderten Garten ein Schild: ‚Doktor Frohmut‘. Ich beobachtete, wie alle möglichen Leute in sein schräges Haus gingen und später ziemlich erleichtert wieder rauskamen. Es wäre einen Versuch wert!“
Als Kuno sie mit flehenden Kulleraugen ansah, nickte sie: „Ich bringe dich morgen hin!“

Im Wartezimmer breitete sich eine plötzliche Unruhe aus. Wo blieb der Doktor? Auch wenn sie alle ein wenig Angst vor ihm hatten, wollten sie doch endlich behandelt werden.
Da schrillte das Telefon. Susi griff nach dem Hörer und nickte.
„Der Doktor steckt im Stau. Er muss eine Umleitung fahren, weil die Brücke in Makrelendorf gesperrt wurde“, berichtete sie den Patienten im Wartezimmer. „Aber ich habe eine Idee, wie euch die Wartezeit schneller vergeht. Jeder von euch geht in eine Simulator-Kabine!“
Sie zeigte auf die sechs Schränke an den Wänden, die wie Telefonzellen aussahen. Hinter den Glastüren

erkannte man bequeme Drehsessel. Von der Decke hing eine Schnur mit Knopf herunter. Für die Not? Wenn man Hilfe brauchte?

„In den Kabinen finden unterschiedliche Reisen statt“, fuhr Susi fort. Natürlich nur in eurer Fantasie, aber mit unserer Unterstützung. Ihr könnt alles sehen, hören, riechen, schmecken und fühlen: In Kabine 1 geht es in den Urwald. In Kabine 2 reist man im U-Boot unter Wasser. Kabine 3 führt ins Weltall zu den Raumstationen. Kabine 4...“

Susi machte eine Pause und guckte in die Runde. Sechs Augenpaare schauten sie zweifelnd an. So ganz geheuer war es keinem.

„Jetzt überlegt nicht lange. Jede Reise wird spannend, also los!“ Sie drückte auf einen Knopf an ihrem Schaltpult. Die Kabinentüren flogen auf.

„Ich fahre mit dem U-Boot!“, sagte Robbi als Erster. „Das ist fast so gut wie selber schwimmen.“

Klara wollte mit der Rakete in den Weltraum. „Wenn ich die Marsmenschen treffe, denken sie wahrscheinlich, dass alle Menschen so durchsichtig sind wie ich!“, kicherte sie etwas unsicher.

Paul wählte den Ritt durch die Wüste. Dort würden seine Kirschkernpupser niemanden stören – außer den Sandflöhen.

Carlo lief zu Kabine 5 mit der Schiffsreise und murmelte so etwas wie: „Da lässt sich sicher von den Passagieren einiges mitnehmen!“

Xaver lief eine Träne die Wange herunter und er flüsterte: „Ich will nach Hause!“

Klara packte ihn entschlossen an der Pfote. „Ach, was! Wir fliegen zusammen in der Rakete, höher als dein

Angeber-Onkel Furius. Ist ja außerdem nicht in echt. Wir sitzen doch bloß auf dem Drehstuhl. Und ich pass auf dich auf! Versprochen!“ Sie zog Xaver mit sich in Kabine 3.

Ted brauchte am längsten. Er überlegte, welche Kabine interessant wäre. An der Nordsee und in den Alpen war er schon gewesen. Also entschied er sich für die Safari-Reise in Afrika.

„Sollte der Fall eintreten, dass einer gar nicht mehr kann, dürft ihr an der Schnur ziehen. Bis jetzt haben es aber alle geschafft durchzuhalten!“, rief Susi. Aha, also doch ein Notknopf.

Dann ging alles schnell. Susi schloss die Kabinentüren. Gleichzeitig rasselten innen die Rollos hinunter, sodass keiner mehr hinein- oder hinaussehen konnte. Schließlich drückte sie den grünen Knopf.

Obwohl die Kabinen blickdicht waren, ahnte man allein von den Geräuschen, was sich hinter den Türen abspielte: Da hörte man Affen kreischen, Löwen brüllen, Raketen starten, Wasser gurgeln, einen Sandsturm toben, Papageien keckern, Sirenen heulen, Pfiffe und Schreie – aber alle Türen blieben geschlossen. Noch zog keiner an der Notleine.

Während die Patienten in den Simulator-Kabinen bei ihren Abenteuern schwitzten, ereignete sich Seltsames in Susis Empfangsraum.

acht Uhr neunundfünfzig

sin Schreckauf – ein weibliches

st

Eigentlich wunderte sich Susi Schabernack über gar nichts mehr an ihrem Arbeitsplatz bei Doktor Frohmut. Über fliegende Untertassen oder blau karierte Tiger hätte sie nur die Achseln gezuckt.
Als aber eine Ente mit einem Fisch auf dem Rücken durch den Schornstein geflogen kam, war selbst Susi Schabernack überrascht! Ihre grünen Augen blinzelten erstaunt und ihre Sommersprossen fingen an zu hüpfen.
„Good morning!“, quakte die Ente. „Wir brauchen bitte gleich eine Schüssel cold water für Kuno! Er ist mir unterwegs fast vertrocknet!“
Zum Glück verstand Susi Englisch. Sie füllte eilig Wasser in eine Kinderbadewanne und stellte sie der Ente vor die Füße.
Mit einem seligen „Platsch“ tauchte Kuno in das vertraute Element. „Mindestens so herrlich wie der Ulmensee!“, gluckste er.
Im gleichen Moment streckte er eine Hand aus dem Wasser, um Susi zu begrüßen und sich gleichzeitig zu bedanken.
Susi fragte nie nach den Leiden der Patienten. ‚Das geht mich nichts an‘, fand sie. Dafür war der Doktor zuständig. Aber einem Fisch die Hand zu schütteln, ließ sie doch ihre Vorsätze vergessen. „Was haben sie denn mit dir gemacht?“, rutschte es ihr heraus.
„Das war der Seeteufel. Na ja, ein bisschen war es auch meine Schuld. Wird der Doktor mir helfen? BITTE!“
„Trink das erst mal!“, sagte Susi fest und drückte Kuno ein Glas mit Mutsaft in die Hand. Sie stellte ein Trinkröhrchen hinein, damit der Fisch unter Wasser aus dem Glas saugen konnte.
„Eine Lösung gibt es immer, hab Geduld!“ Sie schob die

Plastikwanne ins Wartezimmer und blickte auf ihre Armbanduhr. „In zwei Minuten kommen die anderen aus den Simulator-Kabinen."

Klara trat als Erste aus der Kabine. Sie merkte gleich, dass etwas anders war. Die Luft war blank wie nach einem Regenguss. Die Sonne schien jetzt mitten in den Raum und ließ die Sitzkissen leuchten, als wären sie frisch angestrichen. Aber was war das?

Mitten auf dem Teppich saß eine Ente, genau so eine wie auf dem Ulmensee. Und daneben stand eine rosa Badewanne. Klara kniff die Augen zusammen. War das denn möglich, dass eine Hand herausschaute, an der ein Fisch hing?

„Was ist denn das?", rief sie laut.

„Wer ist denn das!", verbesserte Susi. „Es ist Kuno Karpfen aus dem Ulmensee!"

Nun kamen auch die anderen aus ihren Kabinen und stellten sich staunend um die Neuankömmlinge.

„Ich muss dann mal wieder los, die Post wegbringen", sagte die Ente. „Kümmert euch um Kuno!" Sie winkte und flog davon – diesmal durchs Fenster.

Klara fand als Erste die Sprache wieder: „Nun sag schon, was dir passiert ist!"

Alle setzten sich auf den Boden rund um die Wanne und warteten gespannt.

„Das ist keine schöne Geschichte", seufzte der Fisch und ließ ein paar Luftblasen aufsteigen. „Es fing alles ganz harmlos an meinem ersten Ferientag an..."

Susi wurde nervös. Es gab keine Nachricht vom Doktor. Sie kontrollierte ihr Handy. Kein Anruf! War ihm etwas passiert? Ihr Blick streifte den Notizblock neben der

Computertastatur. Sie hätte schwören können, dass er heute Morgen noch leer war. Oder doch nicht? Auf jeden Fall stand jetzt etwas darauf geschrieben. Es war aber nicht ihre Handschrift!

> Ich bin ein Gespenst und kann nur nachts in die Sprechstunde von Doktor Frohmut kommen. Im Tageslicht löse ich mich nämlich auf!
> Ich bitte um einen Termin.
> Gespenster–Prinzessin Schreckauf

Schreckauf darf sich Gespenster-Prinzessin nennen, weil sie auf einer echten Burg geboren wurde. Ihre Eltern, König Fürchtesam der Erste und seine Frau, Königin Viola Windhauch, lebten schon seit Urzeiten im Ostturm auf der Moosburg, auf dem höchsten der Pümmeritzer Berge.

Als Graf Greifenklau gestorben war, wohnte niemand mehr auf der Burg. Kein Mensch wollte sie kaufen, weil sie alt und zugig war. Außerdem sollte es spuken, und zwar nicht zu knapp. Graf Greifenklau hatte sich schon zweimal den Zeh gebrochen, als er die Stufen vom Ostturm hinunterstürzte. Er war sich damals ziemlich sicher, dass ein Gespenst hinter ihm her gewesen war. Heute haben die Menschen einfach keinen Humor mehr, was Gespenster angeht. Sie wollen aus jeder Burg ein Wellness-Hotel machen. Und damit hört natürlich jeder Spaß mit Gespenstern auf.

Für Schreckauf und ihre Eltern wurde es nun ruhig auf der Burg, sodass sie sich andere Orte zum Spuken suchen mussten. Denn Spuken macht nur Spaß, wenn andere sich erschrecken. In letzter Zeit klagte König

Fürchtesam über sein Rheuma, was ihn nicht mehr so geschmeidig durch die Nachtluft fliegen ließ. Und Königin Viola Windhauch war seit Wochen erkältet und meinte, mit Mantel, Mütze und Schal würde sie als Gespenst kein so gutes Bild abgeben.
„Du bist alt genug, meine liebe Schreckauf! Und du beherrschst das Spuk-Handwerk inzwischen besser als wir. Deshalb übernimmst du es ab jetzt weitgehend!“, bestimmte Papa Fürchtesam.
Und Viola krächzte stolz: „Wenn ich sehe, wie lautlos du dich den Menschen näherst und sie dann aus dem Nichts mit deinem spitzen Schrei erschreckst! Alle Achtung, da bist du uns inzwischen weit voraus! Aber“, fügte sie ernst hinzu, „dein Kleid müsstest du endlich mal mit ‚Eisweiß‘ waschen, damit es wieder leuchtet, wie es sollte!“
Schreckauf stöhnte. Wie sollte sie ihrer Mama klar machen, dass sie da ganz anderer Meinung war: ein schmutziges Gewand ist eine viel bessere Tarnung! Die Leute sehen einen erst ganz spät und fallen dann fast um vor Schreck.
So flog Schreckauf in letzter Zeit immer öfter allein nach dem zwölften Glockenschlag vom Ostturm davon. Sie drehte eine elegante Runde über der Burg und ließ sich dann mit ihrem vom Wind aufgeblähten Fetzenkleid über den Ulmensee in Richtung Wiesenquellbrück treiben.
Als Gespenster-Prinzessin trug sie natürlich einen goldenen Schlüsselbund mit sich. Falls ein Schlüsselloch mal zu eng ist, bekommt sie jedes Schloss mit ihren Spezialschlüsseln auf. Außerdem trug sie ein Kästchen mit Extra-Mottenpulver bei sich. Sie liebte

den Duft. Er war für sie wie Parfüm. Vor allem aber hielt er ihr die gefräßigen Motten vom Leib. Und – was noch fantastischer war – sie brauchte nur eine Prise des Pulvers auf den Boden fallen zu lassen und sogleich krachte ein heftiger Donner los, der die Luft zittern ließ. So brachte sie ihre Opfer gleich zweimal zum Zähneklappern: einmal durch ihre grausige Erscheinung und zum zweiten durch ihr ohrenbetäubendes Getöse. Sie selber fand sich bildschön, wie es sich für eine echte Gespenster-Prinzessin gehört. Ihre Haut hatte die graugrüne Farbe von Nasenpopel und ihre Figur viel Ähnlichkeit mit Bauer Kohlmanns Vogelscheuche – nur dass ihr Kleid nicht bunt war. Es glich einem trüben Fetzen aus grau-weißen Spinnweben. Natürlich trug sie auch ein Krönchen. Es hatte so ungefähr die Form einer Käseglocke, war aber immerhin mit Edelsteinen verziert, die nachts wie Glühwürmchen leuchteten. Darunter versteckte sie das Kästchen mit dem Mottenpulver. ‚Mal sehen, wen ich heute Nacht zum Schreien bringe', überlegte sie und lenkte ihren lautlosen Flug über die Dächer der Altstadt. Unten, von der Straße aus, war sie nicht zu sehen.

Eben hatte Berti Bummel, der Busfahrer, seine letzte Fahrt beendet. All die späten Disco-Gäste waren schwatzend und schubsend ausgestiegen. Die automatischen Türen schlossen sich gerade. Doch Schreckauf war in letzter Sekunde noch unbemerkt in den Bus geschlüpft. Nun schwebte sie von hinten an den nichts ahnenden Busfahrer heran, rasselte direkt neben seinem Ohr mit dem Schlüsselbund, stieß ihm die Mütze vom Kopf und verschwand pfeilschnell wie ein Komet im Gepäcknetz. „Wer war das?" Zornig fuhr Berti Bummel herum. Er bebte vor Zorn und verdächtigte sofort ein paar freche Disco-Besucher. „Na, ich werde euch finden!“, rief er, verließ den Fahrersessel, zwängte sich hinter dem Lenkrad hervor und begann, den Bus nach dem Täter oder den Tätern zu durchsuchen. Er guckte von vorne nach hinten und umgekehrt unter jeden Sitz – natürlich ohne Erfolg.

„Irgendwo müsst ihr doch sitzen!“, stieß er schwitzend hervor und kontrollierte ein weiteres Mal.

Als er Schreckauf den Rücken zukehrte, flog sie lautlos zu seinem Fahrersitz und drückte den Knopf, der automatisch die Türen öffnete. Dann flatterte sie mit einem schaurigen Kreischen über seinen Kopf, auf dem die wenigen Haare schon zu Berge standen, warf schließlich eine Prise Mottenpulver auf den Boden und entkam in dem sofort einsetzenden Donnerknall dem fassungslosen Berti Bummel.

„Ganz nett für den Anfang“, murmelte sie zu sich selbst, denn es gab niemanden, mit dem sie über den Spuk hätte reden oder lachen können. „Und was nun?“, fragte sie sich ein wenig gelangweilt und schaute von den Dächern auf die schlafende Stadt.

Natürlich schliefen nicht alle Leute. Gerade entdeckte sie eine pummelige Frau, die ihren Hund Gassi führte. Die Frau schien müde zu sein, denn sie schlurfte ziemlich langsam die Turmgasse hinunter. Ihr Hund war auch nicht in Eile. Er trottete gemächlich ein paar Schritte hinter ihr und schnupperte an jedem Löwenzahn, der durch die Ritzen des Gehwegs wuchs.

„Nun mach schon, Karl-August!“, gähnte die Frau.

„Ich will nicht stundenlang laufen, ich will bald in mein Bett!“

Der Hund blickte sie schläfrig an und lief keinen Schritt schneller.
‚Denen werde ich Beine machen', dachte Schreckauf. Sie schwang sich vom Dachfirst in die Turmgasse und schwirrte mit einem grellen Gespensterschrei knapp über die Frau und Karl-August hinweg.
Die Frau stieß einen ähnlich klingenden Schrei aus, gemischt mit den Worten: „Gespenster, Gespenster, zu Hilfe!" Sie wollte zurück in ihre Wohnung laufen. Der Hund kläffte vor Aufregung und zerrte an der Leine, aber er wollte in die genau entgegengesetzte Richtung. So zogen beide lärmend und schimpfend und kamen nicht vom Fleck. Fenster wurden aufgerissen, Lichter gingen an.
Manche riefen: „Ruhe!"
Andere riefen: „Holt die Polizei!"
Schreckauf hockte längst schon wieder oben auf einem Schornstein, lachte keckernd und rieb sich die Hände. Während ein paar Leute die aufgebrachte Frau und Karl-August beruhigten, suchte die Prinzessin bereits ihr nächstes Opfer. Ihr Blick fiel auf einen Taxistand. Im ersten Taxi der Reihe saß ein Fahrer am Steuer und döste. Die Nacht war ruhig, ohne Sturm oder Regen, da hatte er wenig zu tun. Schreckauf schwebte herab, öffnete die hintere Tür des Taxis, setzte sich frech auf den Rücksitz und sagte mit süßer Stimme: „Fahren Sie mich bitte zur Moosburg!"
„Moment!" Der Fahrer sah auf und glotzte in den Rückspiegel. Das gab's doch gar nicht! Er rieb sich die Augen, um sicher zu gehen, dass er nicht träumte. Dann war er hellwach. Er drehte sich um und blickte in die glühenden Augen eines Gespensts.

„Ein Ungeheuer!“, brüllte er. Schreckauf war beleidigt. „Ein fürchterlicher Geist!“ Jetzt heulte er, stürzte aus dem Taxi und flitzte wie ein aufgezogenes Spielauto die Straße hinunter.
Schreckauf krabbelte zufrieden aus dem Auto und schwebte zurück zu den Dächern.
Die Kirchturmuhr schlug eins. Die Prinzessin fing an müde zu werden vor lauter Langeweile. ‚Noch ein Spuk‘, dachte sie, ‚was soll's.‘ Und dann entwischte ihr ein Seufzer, der schon eher wie ein Schluchzen klang. Sie bedauerte aus tiefster Seele, dass sie niemanden zum Spielen und Erzählen hatte und fühlte sich ganz einsam. Wenn sie doch bloß am Tag nach Wiesenquellbrück fliegen könnte! Sie malte sich aus, wie sie die Schule besuchen und jedes Kind an einer Gespensterjagd beteiligen würde. Das wäre etwas nach ihrem Geschmack. Aber leider musste sie tagsüber verschwinden. Das ist so üblich bei Gespenstern. Sie dürfen sich nicht dem Tageslicht und schon gar nicht der Sonne aussetzen, sonst verlieren sie ihre nächtliche Leuchtkraft, verblassen allmählich, lösen sich sozusagen auf. Und was soll ein Gespenst, das man nicht mehr sieht? Nein! Das wollte die Prinzessin auf keinen Fall riskieren. ‚Also, noch ein Spuk‘, beschloss sie.
Die Straßen waren jetzt wieder leer. Entweder waren die aufgeschreckten Menschen nach Hause gelaufen oder zur Polizei, um das fürchterliche Gespenst anzuzeigen.
Schreckauf schielte hinunter auf den Marktplatz. An einem roten Giebelhaus leuchtete eine Neonschrift: „APOTHEKE“. Die Buchstaben „HEUTE NACHTDIENST“ gingen immer an und aus.

„Schauen wir, ob der Apotheker mir ein paar Schlafpillen verkauft“, kicherte sie und sank in langsamen Kreisen auf den Marktplatz herab. In der Tür zur Apotheke war ein kleines Fenster und daneben gab es eine Klingel. „Nachtglocke“ stand darunter. Schreckauf ließ den Finger auf der Klingel. Sie schepperte durchs ganze Haus.
„Ja, ja, ich komme schon“, brummte eine Stimme, nicht gerade freundlich. Das war wohl der Apotheker. Er öffnete das Fenster und streckte seinen kahlen Kopf hinaus. Schreckauf starrte ihn mit flackernden Augen und ihrem schrecklichsten Grinsen an: „Haben Sie Schlafpillen für...“ Weiter kam sie nicht.
Der Apotheker brüllte ihr ins Gesicht: „Ja, sind wir jetzt schon so weit, sich als Gespenst zu verkleiden und anständige Leute zu erschrecken?“ Der Apotheker verschluckte sich vor Aufregung, fuhr aber ohne Luft zu holen fort: „Ja, meinst du, ich bleibe nachts auf für euch Halunken und Nichtsnutze? Die Polizei werde ich rufen, jawohl!“
Schnaufend griff er mit einer Hand nach seinem Handy, mit der anderen nach Schreckaufs Fetzenärmel. In letzter Sekunde konnte sie ihn noch wegziehen und mit einem schrillen Schrei in die Luft entkommen. Das war knapp! Damit hatte sie überhaupt nicht gerechnet, dass man sie nicht für echt hielt! Noch nie war das geschehen. Vor lauter Empörung hatte sie vergessen, das Mottenpulver noch rasch vor die Apotheke zu werfen. Zu dumm!
„Am besten, ich fliege zurück. Mit schlechter Laune soll man sowieso nicht spuken“, murmelte sie. Sie schlüpfte von der Dachgaube und flog nun in Höhe der oberen Stockwerke durch die Häuserzeile. Die Fenster glänzten

wie schwarze viereckige Augen. Kein Licht brannte mehr dahinter.
Doch am Ende der Schulstraße sah Schreckauf plötzlich einen matten Schimmer hinter einer der Scheiben. Der kühle Nachtwind trieb sie wie eine Feder daran vorbei. Nur für einen Wimpernschlag hatte sie in das dämmrige Zimmer geblickt. Sie stutzte. Dann ruderte sie mit den Armen, drehte um, flog zurück und blinzelte noch einmal von der untersten Fensterecke aus in den halbdunklen Raum.
Eine abgeschirmte Nachttischlampe beleuchtete schwach ein Kinderbett. Schreckauf strengte sich an, mehr zu erkennen. Sie presste ihre Nase an das gekippte Fenster. Jetzt sah sie ein Kind: ein Mädchen von vielleicht sieben oder acht Jahren. Es hatte einen Waschlappen auf der Stirn und ein Stofftier im Arm. Das Mädchen starrte Schreckauf direkt in die Augen. Die Prinzessin erschrak und wollte wegfliegen, aber eine feine Stimme aus dem Zimmer hielt sie zurück.
„Bist du ein echtes Gespenst?“ Es klang neugierig. „Willst du nicht reinkommen? Das Fenster ist gekippt.“
Schreckauf pochte das Herz. Ein Kind, das noch wach war, keine Angst hatte und sie zu sich einlud! Sie schlüpfte rasch durchs Fenster, ehe es sich das Mädchen anders überlegte.
„Ich bin Emmi“, sagte das Kind im Bett. „Ich kann nicht schlafen, weil ich Fieber habe. Aber ich bin nicht ansteckend!“, erklärte es sicherheitshalber, weil es nicht wusste, ob Gespenster auch krank werden können.
Emmi zeigte auf einen Stuhl.
Schreckauf setzte sich. Sie bemühte sich, ihre Stimme so wenig rostig wie möglich klingen zu lassen. „Ich bin

eine Gespenster-Prinzessin. Hast du denn keine Angst?"

„Warum denn? Gespenster erschrecken doch bloß die Leute. Sie tun einem doch nicht wirklich etwas!" Emmi richtete sich im Bett auf. „Ist das eine echte Krone?", fragte sie ehrfürchtig.

„Na ja, schon", meinte Schreckauf. „Ich weiß, sie sieht ein bisschen komisch aus. Aber das ist wegen des Mottenpulvers."

„Mottenpulver?"

Schreckauf zeigte Emmi das kleine Kästchen und erklärte ihr dessen Zauber.

Emmi staunte und fragte weiter. Sie fragte und fragte. Und Schreckauf erzählte und erzählte: Von der Moosburg, ihrem Papa Fürchtesam, ihrer Mama Viola Windhauch, von ihren Streichen, vom Spuken und ihrem großen Kummer, weil sie keine Freunde hat.

„Dann kommst du mich bald wieder besuchen", lächelte Emmi, bevor sie eingeschlafen war.

Schreckauf deckte Emmi sanft zu. Sie strahlte, als sie lautlos aus dem Zimmer schwebte. Über dem Ulmensee schlug sie lauter Purzelbäume, so glücklich war sie.

In der nächsten Nacht konnte sie kaum erwarten, dass es zwölf schlug. Nach dem letzten Glockenton winkte sie endlich ihren Eltern zu und schoss eher wie eine Rakete als wie ein Gespenst davon.

„Du musst noch dein Kleid waschen!", rief Viola Windhauch ihr nach und schüttelte den Kopf über so viel Eile. Sie konnte ja nicht ahnen, dass ihre Tochter seit letzter Nacht ein Menschenkind als Freundin gefunden hatte.

Schreckauf flog ohne Umwege zur Schulstraße und steuerte auf das Fenster im obersten Stockwerk zu.

Aber das Fenster war dunkel und fest verschlossen. Keine Nachttischlampe leuchtete einladend, sogar die Vorhänge waren zugezogen.

Schreckauf war tief enttäuscht. Wenn Gespenster Tränen hätten, hätte sie jetzt bestimmt einen Liter vergossen. So stieß sie bloß einen verzweifelten Heulton aus, dessen Echo in der Straße widerhallte.

Sie presste die Stirn an die Scheibe und schaute durch den Spalt zwischen den Gardinen ins Zimmer. Gespenster können ja in der Dunkelheit hervorragend sehen. Deshalb erkannte sie auch sofort Emmi in ihrem Bett. Aber sie schlief diesmal tief und fest. Sie war nicht das kleinste bisschen wach.

Noch einmal heulte Schreckauf laut in ihrem Schmerz. Sie überlegte, das Mottenpulver zum Knallen zu bringen. Dann wollte sie durchs Schlüsselloch in Emmis Zimmer fliegen. Aber was würde das nützen? Emmi war gesund und brauchte ihren Schlaf. Mit einer müden Emmi würde sie nicht spielen und nicht sprechen können.

Mit schwerem Herzen begann sie, zum Dach aufzusteigen, als sie etwas Weißes entdeckte. Sie kniff die Augen zusammen: Es war ein kleiner zusammengefalteter Zettel, der am Fensterrahmen steckte.

„FÜR SCHRÄGAUF!“ stand darauf. Damit war eindeutig sie gemeint. Mit flatternden Fingern zog sie die eingeklemmte Botschaft aus dem Fensterrahmen und las:

Liebe Gespenster–Prinzessin Schrägauf!
Leider bin ich wieder gesund und muss morgen in die Schule.
Ich gehe in die Klasse 3a. Du musst mich unbedingt dort

besuchen! Wie das geht? Frage Doktor Frohmut.
Er hilft dir. Er hat mich auch wieder gesund gemacht.
Er wohnt in der Spechtgasse 17.
Deine Freundin Emmi

Schreckauf schluckte heftig vor Aufregung. Emmi hatte sie nicht vergessen und wollte sie wiedersehen. Ihr Gespensterherz hüpfte vor Freude. Doch gleich darauf wurde sie wieder ernst. Ein Doktor sollte ihr helfen? Ein Menschendoktor? Wie sollte das gehen? Niemals kann ein Gespenst am Tag fliegen, ohne dass es sich auflöst. Aber hatte sie eine andere Wahl? Wie sollte sie in die Sprechstunde kommen?
Wenn sie Emmi wiedersehen wollte, musste sie den Doktor finden. Wo könnte wohl – sie schaute auf den Zettel – die Spechtgasse sein?
Schreckauf steckte den Brief unter die Krone und schwirrte los. ‚Ich muss jemanden fragen. Vielleicht die dicke Frau, die mit ihrem Hund läuft?', überlegte sie. Lieber nicht, das war ja Karl-August! Den Taxifahrer wollte sie auch nicht ansprechen, obwohl er den Weg sicher am besten kannte.
Es blieb ihr nichts übrig, als jedes Straßenschild anzufliegen und zu lesen, was drauf stand. ‚Na klasse, das kann ja Stunden dauern!', dachte Schreckauf.
Turmstraße... Fischerau... Kapellenweg... Höllsteig...
Sie wunderte sich über die großen weißen Plakate, die an vielen Gebäuden hingen. In der Waldstraße flog sie etwas tiefer, um herauszubekommen, was da drauf

stand. Sie erschrak, als sie die Abbildung von einem Gespenst erkannte, das ihr ziemlich ähnlich sah:

> **Gesucht!**
> Ein frecher Übeltäter treibt sein Unwesen in unserer Stadt!
> Helfen Sie, ihn zu fangen. Er verkleidet sich als Gespenst.
> **Belohnung: 50 Duro!**

Schreckauf glühte ein wenig vor Stolz, als sie das las. Über Nacht war sie berühmt geworden.
Sie nahm ein Stück Kreide aus ihrer Gewandtasche. Gespenster sollten nachts immer etwas Kreide essen, um besser zu leuchten. So wie die Kinder immer wieder Traubenzucker essen – allerdings nicht zum Leuchten, sondern für die Energie. Mit der Kreide übermalte sie das Plakat, strich „Übeltäter" durch, schrieb „Gespenster-Prinzessin Schreckauf" darüber und zeichnete ihr eine Krone auf den Kopf.
„Hoho, da ist ja das Gespenst!", rief plötzlich eine Polterstimme hinter ihr. Ein Polizist sprang aus seinem Streifenwagen und rasselte schon mit den Handschellen, als er auf sie zustürmte.
Schreckauf startete senkrecht in die Luft und kreischte: „Zu spät, zu spät! Aber wo geht's denn zur Spechtgasse?" Der Polizist war so baff, dass er stotterte: „Dritte Straße rechts!" Eigentlich wollte er sie ja verhaften.
‚Das war knapp, aber es hat gereicht!', dachte Schreckauf.

Die Spechtgasse war dunkel, aber mit ihren nachtgewohnten Augen fand sie bald die Nummer 17. Das

Schild des Doktors stand auch im Garten. Der würde jetzt aber mit Sicherheit schlafen und keine Sprechstunde halten. Sie hockte sich ins Gras zwischen Gänseblümchen und Lavendel und überlegte fieberhaft, was sie tun könnte.

Bald zog ein breites Grinsen über ihr Gesicht, das bald wieder verschwand, weil ihr mulmig wurde bei dieser Lösung. Aber manchmal muss man ein schlechtes Gewissen einfach aushalten, entschied Schreckauf. Zum ersten Mal in ihrem Leben würde sie nachts nicht zur Moosburg zu ihren Eltern zurückfliegen. Allerdings würde sie ihnen hinterher auch alles erklären.

Etwas beruhigt schüttelte sie ihr Fetzenkleid und schwebte zum Eingang des Doktorhauses. Doch da gab es ein Problem. Durch den großen Mund mit den Zähnen hineinzukommen, war unmöglich. Sie fand kein Schlüsselloch, das zu ihren Schlüsseln passte und auch kein Schlüsselloch, durch das sie hätte schlüpfen können.

‚Das kann ja heiter werden', dachte sie und entschloss sich, den Weg durch den Schornstein zu wählen.

Susi las die Botschaft auf ihrem Notizblock sicherheitshalber zweimal. Dann dachte sie scharf nach. Wenn das Gespenst die Nachricht in der Nacht geschrieben hatte – und es konnte ja nur in der Nacht gewesen sein – war es vielleicht noch da und mochte sich in einer dunklen Schublade versteckt haben?

Sie könnte ihm natürlich einen Termin nach Mitternacht aufschreiben. Der Doktor war oft lange noch wach und legte sich im Dunkeln in seine Hängematte im Garten. Er war überzeugt, dass ihm um diese späte Zeit und an diesem Ort die besten Ideen für seine

Patienten kamen. Oder für die Bücher, die er schrieb. Oder für Projekte in seiner Praxis. So zeichnete er im Moment an Plänen für einen Irrgarten. Den wollte er anlegen, um den Weg zu seinem Haus spannender zu gestalten.

Bestimmt würde er auch nachts ein Gespenst empfangen, keine Frage! Es sei denn... Susis grüne Augen blitzen wie zwei Funkelsteine.

„Ihr müsst mit jetzt mal gut zuhören!“, rief sie ins Wartezimmer. „Ich vermute, dass hier im Raum noch ein Patient ist. Wir müssen ihn allerdings suchen! Und zwar im Dunkeln! Es handelt sich nämlich um eine Gespenster-Prinzessin!“

Damit hatte niemand gerechnet. Es verschlug allen die Sprache. Dann schrien sie wild durcheinander:

„Ein Gespenst!“

„Nein, eine Gespenster-Prinzessin!“

„Gibt es so was überhaupt?“

„Ist doch egal!“

„Los, suchen wir!“

„Ruhe!“, brüllte Carlo schließlich. Er hatte die lauteste Stimme. „Wir müssen uns konzentrieren, wenn wir sie suchen wollen.“

„Aber wo?“

„Halt!“, rief Susi. „Erst muss ich für ihre Sicherheit sorgen!“

Sie bediente den blauen Knopf. Die Rollos an den Fenstern ratterten hinunter. Es wurde stockdunkel. Jeder hörte, wie der kleine Drache heftig atmete.

Sekunden später leuchteten an der Decke viele hundert Lämpchen wie die Sterne und gaben dem Raum ein zartes Licht.

„Suchen wir die Gespenster-Prinzessin Schreckauf!“, flüsterte Susi. „Ich bin ziemlich sicher, dass sie hier irgendwo schläft.“
„Eine Gespenster-Prinzessin!“, wisperte Klara ziemlich glücklich und machte sich an die Arbeit.
Carlo stürzte sich auf Schranktüren und Schubladen. Robbi kletterte auf die Simulator-Kabinen. Ted kroch auf dem Fußboden und schaute gründlich unter alle Möbel. Xaver hielt sich zaghaft an Kunos Badewanne fest, der ihm die Hand streichelte, denn er konnte ja nicht mitsuchen. Susi inspizierte ihren Arbeitsplatz rund um den Computer und die Saft-Mixstation.
Plötzlich hörten sie einen Knall. Paul, dem Pupsmonster, war vor lauter Aufregung ein Kirschkern entwischt. Er hatte sich – schmal wie er war – hinter ein Bücherregal gequetscht und einen grau-weißen Fetzen entdeckt. Für einen Putzlappen war der Spinnwebfetzen zu fein. Es musste die Gespensterprinzessin sein!
„Ich hab sie!“, rief er freudig und zupfte vorsichtig an ihrem Gewand.
Nichts rührte sich.
Alle warteten gebannt.
„Zieh etwas kräftiger!“, forderte Klara. „Um diese Zeit schläft ein Gespenst ziemlich tief, nehme ich an!“
Paul zog fester.
Plötzlich hörten sie ein schepperndes Räuspern und eine kratzige Stimme, die rief: „Hey, was ist los? Wer zwickt mich da?“
Alle wichen zurück, als suchten sie Deckung. Die Situation war ja auch unberechenbar.
Und dann entfaltete sich hinter dem Regal eine bizarre Gestalt. Wie eine Tüte, in die man Luft bläst, schwebte

sie hervor und kreiste schwerelos unter dem künstlichen Sternenhimmel.
„Wo bin ich? Und warum ist der Himmel so nah?“, fragte Schreckauf.
Die Patienten betrachteten atemlos das Gespenst über ihren Köpfen. Es schien nur aus einem wolkenweichen, federleichten Kleid zu bestehen, aus dem ein paar dünne Finger und Füße schauten. Auf dem schmalen Kopf, der fast durchsichtig war, wippte ein seltsamer Hut, der golden glänzte.
‚Er soll vielleicht ein Krönchen sein?‘, überlegte Carlo, der beeindruckt war von ihrem lautlosen Flug.
Susi fand als Erste Worte: „Du bist im Wartezimmer von Doktor Frohmut!“, beantwortete sie Schreckaufs Frage. „Wir haben es verdunkelt, damit keine Gefahr für dich besteht, zu verblassen.“
Schreckauf war von dem kurzen Schlaf noch etwas benommen. Nach einem weiteren Bogen unter der Zimmerdecke kam ihr aber alles wieder in Erinnerung. „Das ist fantastisch!“, sprach sie in Susis Richtung. „Das haben Sie super gemacht! Kann ich nun den Doktor sehen?“
Sie glitt sanft zu Boden und nahm Platz auf einem rosa Sitzball. Dabei schlug sie ihre zierlichen Füße übereinander und breitete ihr Spitzenkleid wie den Tüllrock einer Ballerina um sich herum aus. Sie blinzelte in die Runde. Klara befühlte ganz vorsichtig ihr Gewand. Paul bewunderte ihre geschmeidigen Bewegungen. Robbi war offensichtlich entzückt von ihr. „Und du bist ganz und gar echt?“, fragte er ehrfürchtig.
„Na klar“, krächzte sie erfreut.
„Und warum willst du den Doktor sehen?“, fragte Kuno.

„Das ist eine lange Geschichte!“, seufzte Schreckauf und begann zu erzählen.

„Also, in fremde Häuser fliegen und spuken fände ich auch toll!“, sagte Robbi nachdenklich. „Aber Freunde braucht man eben auch“, schloss er.

Alle nickten. ‚Unwirklich das Ganze!‘, dachten sie. Über ihnen ein Sternenhimmel mit dem „Großen Wagen“ mitten in einem Zimmer – und draußen helllichter Tag! Unter ihnen ein Fisch mit Händen, ein Undieb, ein Gespenst und ein Monster – wie im Gruselkabinett.

„Was sind wir doch für ein verrückter Haufen!“, sagte Klara laut und sprach aus, was alle im Kopf hatten.

„Und dieser Haufen passt auch noch gut zusammen!“, grinste Ted.

Plötzlich schrillte das Telefon.

Susi nahm den Hörer ab und nickte. „Der Doktor ist eingetroffen!“, verkündete sie. „Es geht los!“

Schlagartig verstummte die Gruppe. Ein leichtes Gruselgefühl legte sich wie eine dunkle Decke über die Gesellschaft. Bisher war alles recht unterhaltsam und manchmal auch spannend gewesen. Doch jetzt? Keiner kannte den Doktor. Was mag er für ein Mensch sein? Ist er überhaupt ein Mensch? Und was wird er tun? Jeder kam sich mit einem Mal ganz alleingelassen vor. So wie in einer fremden Stadt, wenn plötzlich die Eltern weg sind. Man kennt niemanden und weiß nicht, wo man ist.

Susi trat an den Computer und betrachtete den Bildschirm. „Gibt es jemanden, der freiwillig den Anfang machen möchte?“, fragte sie in die beklemmende Stille.

Außer Xavers Atem, der wie eine Espresso-Maschine klang, war nichts zu hören.

„Dann..." Aber Susi kam nicht dazu, den Satz zu Ende zu sprechen.

„Ich gehe zuerst!", meldete sich Robbi. „Ich war der Erste hier heute Morgen, also gehe ich auch als Erster zum Doktor!" Er klang etwas zittrig, aber dennoch entschieden.

„In Ordnung. Du brauchst keine Angst zu haben!" Susi Schabernack nickte ihm aufmunternd zu. Die anderen schauten ihn respektvoll an.

„Wir drücken dir die Daumen", sagte Ted mit trockenem Mund.

„Du schaffst das schon!", meinte Paul munter, obwohl er sich nicht so fühlte.

„Wir denken ganz fest an dich!", blubberte Kuno und winkte mit einer Hand.

„Wir halten zusammen. Ruf einfach, wenn du uns brauchst!", versicherte Klara.

„Und ich hol' dich da raus, wenn's sein muss!", sagte Carlo fest.

„Da geht's lang!", sagte Susi.

Die Behandlungen

3. Juli, neun Uhr vierzehn

Robbi Blechkopf

Susi drückte den Hebel an der Tür zum Behandlungszimmer. Im gleichen Augenblick senkte sich die Tür rasselnd den Patienten entgegen in den Raum. Ketten ratterten über Zahnräder wie eine Teufelsmaschine, strafften sich und hielten an, als die Tür wie eine Zugbrücke flach am Boden lag. Dahinter gähnte ein schwarzes Tunnelloch. Der Schreck saß bei allen tief.
„Brauchst du eine Taschenlampe?“, bot Susi an.
Robbi schüttelte den Kopf. Er hatte seinen Mutsaft getrunken und er wollte endlich schwimmen lernen! Tapfer schritt er mit knirschenden Metallgelenken über die Brücke und verschwand vor den Augen der Bande im finsteren Gang.
Susi zog den Hebel und die Tür schwang wieder an ihren alten Platz zurück, als sei nichts gewesen. Xaver stöhnte. Keiner sagte etwas. Jeder hing seinen bangen Gedanken nach.
Als Robbi merkte, dass die Tür hinter ihm zuschnappte, kniff er die Augen zusammen und sprach sein Mutwort: „DASCHADU!“ Kurz darauf öffnete er sie wieder. In einiger Entfernung erkannte er ein Licht. Es war eine helle Öffnung, die aus dem Höhlengang hinauszuführen schien.

Er beschleunigte seine Schritte und trat beherzt dem Licht entgegen. Er musste den Behandlungsraum erreicht haben. Vor ihm tauchte ein Tisch mit einem Aquarium auf, das größer war als eine liegende Telefonzelle. Links davon erkannte er einen Mann mit grauen Zöpfchen und einer... Robbi blinzelte, um sicher zu sein, was er da sah: Tatsächlich! Es war eine rote Clownsnase, die der Mann aufhatte. Er saß auf einer Schaukel und winkte Robbi, sich neben ihn auf eine zweite Schaukel zu setzen. Robbi folgte. Er kletterte auf das Brett und begann vorsichtig, mit dem Doktor zu schaukeln. Langsam wurde er ruhiger.

Seine Augen erkundeten das Zimmer. Eine Wand war vollkommen von einem Bücherregal bedeckt. Darin standen nicht nur Bücher, dicke, dünne, hohe, breite, bunte, zerfledderte, mit goldenen Rücken und seltsamen Schriftzeichen, sondern auch allerlei Kuriositäten: ein Totenkopf, ein Haifischgebiss, eine Art Wünschelrute, Gläser mit funkelnden Steinen, Pfeilspitzen und bemalte Wurzeln, die sich wie Schlangen auf einem Regalfach ringelten.

Die anderen Wände hatten Türen und Fenster in ungewöhnlicher Zusammensetzung. Einige Türen befanden sich fast an der Decke oben. Strickleitern hingen herunter. Offenbar die einzige Möglichkeit, zu ihnen zu gelangen. Die übrigen Wandflächen waren mit Bildern bedeckt. Bunte Zeichnungen von Labyrinthen, Klecksbilder so groß wie ein Kuchenblech, Porträts von wilden Gestalten, die einen alle anschauten, als wären sie lebendig.

„Willst du mir verraten, weshalb du zu mir gekommen bist?“ Die Stimme des Doktors riss Robbi aus seinen Betrachtungen.

Robbi seufzte. Er hatte Vertrauen zu dem freundlichen Mann, auch wenn er das Behandlungszimmer höchst erstaunlich fand. Ein wenig stockend berichtete er ihm von Professor Daniel Düsel, der ihn gebaut und ihm alles beigebracht hatte, was er konnte. Von seinen Geschwistern Max und Toffel, von den gemeinsamen Streichen und seinem sehnlichsten Wunsch, das Schwimmen zu lernen.

„Professor Düsel hat es mir leider verboten. Ich bin zweimal untergegangen und meine Elektronik war dann kaputt. Er sagte, ich bestünde aus Eisen, Drähten und Chips und könne niemals schwimmen lernen. Ich solle lieber Eishockey spielen oder Hütten bauen. Aber das will ich alles nicht, ich will schwimmen lernen!"

„Für einen Roboter hast du es weit gebracht. Viele Kinder können das nicht, was du kannst. Warum jetzt ausgerechnet schwimmen?"

„Weil ich bei Max und Toffel gesehen habe, wie viel Spaß es macht. Außerdem will ich nicht untergehen, wenn ich mal ins Wasser falle. Bitte!", fügte er hinzu und schaute den Doktor bettelnd an.

Der bremste seine Schaukel und stieg ab. Er fuhr sich mit den Händen durch die Haare und überlegte. „Ich denke, da können wir was machen." Der Doktor öffnete eine Tür links vom Schreibtisch und rief: „Matze, komm doch mal her, ich brauche dich!"

Es vergingen keine zwei Sekunden, schon stand Matze im Raum. Robbi wäre fast von der Schaukel gefallen. So eine grässliche Gestalt hatte er noch nie gesehen! Das Monster war durch und durch grün wie Gift. Es hatte kohlschwarze Hörner und zottige Stacheln ragten aus seinem sonst kahlen Kopf. Sein Körper war übersät

von glühend roten Pickeln, die pulsierten und ab und zu kleine Dampfwölkchen verpufften. Seine Fingernägel waren lang, gelb und spitz wie Stricknadeln und seine Stimme gurgelte wie ein verstopfter Abfluss.
„Was gibt's, Chef?"
Der Doktor hielt Robbis Schaukel an. „Mach dir keine Sorgen! Matze ist zwar ein Schreckmonster, aber er ist eigentlich ganz harmlos und hilft mir bei der Arbeit. Er kann ja nichts für sein Aussehen", fügte er hinzu. „Als Erstes müssen wir den kleinen Blechkameraden abdichten, damit kein Wasser in seine Hohlräume kommt." Er holte eine Tube, prall gefüllt mit einer Paste und einer spitzen Tülle darauf. Sie sah aus wie eine Sahnespritze.
Er winkte Matze heran. Beide setzten den Patienten auf den Behandlungstisch. Matze grinste den verstummten Robbi mit seinen faulen Zähnen an. Das ließ ihn noch schrecklicher aussehen. Robbi machte schnell die Augen zu. So war ihm wohler.
Der Doktor und Matze füllten nun die Ritzen und Rillen zwischen den Metallplatten mit der weichen Dichtungsmasse. Es kitzelte leicht.
„Was ist das?", fragte der Doktor, als er Robbis Geheimfach in Höhe der Rippen entdeckte.
Robbi wurde rot. „Och, nur eine kleine Schublade", murmelte er.
„Tja, die müssen wir auch abdichten!", sagte der Doktor.
„Macht nichts!", erwiderte Robbi. Und leise dachte er: ‚Meinen Mutspruch kann ich ja auswendig.'
Als alle Lücken in seinem Blechkleid zugespachtelt waren, nickte der Doktor Matze zu: „Hol bitte mal die Spraydose auf Regalbrett D3!" Und zu Robbi sagte er:

„Du willst doch nicht verrosten wie deine Wangen? Wir sprühen dich jetzt mit einem Rostschutzmittel ein und dann kommt der Test!“

Vorher schmirgelte Matze noch die Rostflecken von Robbis Gesicht, dann wurde er vom Spray eingenebelt. Nun wurde es spannend. Der Doktor und Matze hoben den Roboter hoch und setzten ihn mit einem Schwung in das riesige Aquarium. Robbis Herz klopfte bis zum Hals, als er ins Wasser tauchte. Hoffentlich ging er nicht unter wie all die anderen Male!

Die Fische hatten sich an den Rand gedrängt und beäugten den Eindringling neugierig. Zuerst sanken Robbis Stiefel ein, dann stieg das Wasser bis zu seinen Knien, bis zur Hüfte, bis zu seinem eckigen Blechkopf und dann? Dann sank er nicht mehr. Er schien auf dem Wasser zu schweben. Einen Moment schien auch die Zeit stillzustehen in bangem Warten. Blieb sein Kopf über Wasser?

Nach langen Sekunden schrie Robbi dann freudig: „Ich schwimme, ich schwimme! Seht ihr, wie ich schwimme?“ Er planschte mit seinen Armen wild im Wasser, ruderte und kreiste durch das Becken, wagte einen Kopfstand – Beine nach oben – und winkte den Fischen und Krebsen zu. Dann tauchte er prustend wieder auf und strahlte. „Ihr glaubt gar nicht, wie herrlich es ist, zu schwimmen!“

Matze grinste schaurig. Der Doktor lachte. „Weitere Schwimmübungen musst du von nun an im Ulmensee machen, sonst bekommen es meine Fische mit der Angst zu tun!“

„Gleich morgen gehe ich mit Max und Toffel zum Baden. Die werden staunen und Professor Düsel noch

viel mehr. Und meine Freunde da draußen…“ Er zeigte zu der Tür, durch die er gekommen war, suchte nach Worten und jubelte dann: „Die werden sich freuen, die haben mir so die Daumen gedrückt! Vielen, vielen Dank! Aber…“ Er stockte. „Was geschieht jetzt? Ich hab’ doch kein Geld, um die Behandlung zu bezahlen.“
Doktor Frohmut winkte ab. „Das Geld, das ich habe, reicht mir. Dennoch…“ Er überlegte, runzelte die Stirn, zauste an seinen Locken, zog an seiner Clownsnase und lächelte dann. „Du könntest jede Woche einmal in meine Praxis kommen und Susi Schabernack vertreten. Sie braucht einen freien Tag. Und den speziellen Saft kannst du bestimmt mixen, das ist kein Hexenwerk. Mit Mut kennst du dich ja aus!“ Er zwinkerte Robbi zu. „Also, DASCHADU?“
Der kleine Roboter schaute verdutzt. Woher kannte der Doktor sein Mutwort? Gleich darauf sagte er begeistert zu. „Also, dann bis nächste Woche!“, sagte der Doktor und ließ Robbi in das Glas mit den Zucker-Regenwürmern greifen.
Robbi drückte dem Doktor die Hand, dem Schreckmonster winkte er lieber.
In der rechten Wand öffnete sich eine Tür, die direkt in den sonnenbeschienenen Garten führte. Er drehte sich noch einmal um. „Und die anderen?“, fragte er besorgt. „Es sind doch meine Freunde. Werde ich sie wiedersehen?“
„Aber natürlich. Bleib noch eine Weile im Garten, sie kommen alle wieder!“
Die Tür schloss sich hinter Robbi Blechkopf. Glücklich ließ er sich ins Gras plumpsen.

3. Juli, neun Uhr achtundzwanzig

Ted Gummelbär

Als Susi Schabernack fragend ins Wartezimmer schaute, stand Ted zögernd auf.
„Bin ich schon dran?“, fragte er. Seine Stimme klang verzerrt, als wäre er im Stimmbruch. Der kleine Roboter war nicht zurückgekommen. Was hatte das zu bedeuten? Nervös trat er von einem Bein aufs andere.
Susi klopfte ihm auf die Schulter, während sie die Zugbrücke herunterließ. Als hätte sie Teds Gedanken erraten, sagte sie: „Robbi sitzt schon im Garten. Jetzt erwartet der Doktor dich! Wird schon werden!“ Sie schob Ted in den dunklen Flur.
Nach einigen schwankenden Schritten betrat Ted mit Herzklopfen das Behandlungszimmer. Es ging ihm nicht gut. Die ganze Zeit schon hatte er ein flaues Gefühl, als hätte er lauter Wattewolken im Bauch. Das lag aber nicht nur daran, dass er sehr aufgeregt war. Es lag am Hunger. Sein Magen brummte und grummelte und machte seinem Namen „Bär“ alle Ehre.
Der Doktor saß an seinem Schreibtisch und winkte Ted fröhlich zu. „Setz dich auf die Schaukel und erzähle mir, was los ist!“ Zwischendurch biss er in ein Käsebrötchen. „Ich habe heute früh noch nichts gegessen und muss mich jetzt ein bisschen stärken. Das ist zwar nicht besonders höflich, muss aber sein!“
Ted setzte sich gehorsam auf die Schaukel. Sein Bauch knurrte unüberhörbar. Dennoch berichtete er stockend von seinen Ess-Erfahrungen und dass er einfach nichts

mehr schmeckte. Zwischendurch schluckte er laut. „Sogar meine geliebten Schudeln und meine Nokoladencreme mag ich nicht mehr!“, schloss er verwirrt.
„Ja, ja!“, kaute der Doktor weiter. „Das Mehl schmeckt den Mäusen bitter, wenn sie zu viel davon haben!“, antwortete er (für Ted in Rätseln) und biss in sein zweites Brötchen. Dazu trank er von dem rosaroten Saft, den Susi ihm auf das Tablett gestellt hatte.
Ted fühlte sich ganz schwach. Sein Magen zwickte und der Doktor schien ausschließlich mit seinem Essen beschäftigt.
„Mir ist schlecht!“, sagte er gequält. „Ich glaube, ich muss sterben!“
„Das werden wir verhindern!“, sagte der Doktor bestimmt. „Außerdem ist es ein gutes Zeichen. Dann können wir mit der Behandlung anfangen!“ Er wischte sich zufrieden mit der Serviette den Mund ab.
„Mit viel Geduld und einiger Anstrengung deinerseits wirst du deine Geschmacksknospen (Was das wohl war? Wuchsen die bei ihm?) wieder entfalten. Danach schmeckst du alles – auch das, was dir nicht schmeckt!“, lachte er. „Allerdings geht das hübsch nacheinander, nicht alles auf einmal. Zuerst gehen wir ins Riechlabor!“
Er zeigte auf die längste Strickleiter: „Bewegung ist gesund! Auf geht’s!“
Ted schaute unsicher nach oben. Am Ende der Strickleiter sah er eine Tür. Dort war wohl das Riechlabor. Komischer Ort. Aber egal. Was hatte Doktor Frohmut gesagt? Geduld und Anstrengung.
Ted seufzte schwer und hangelte sich recht mühsam mit seinen vierzigtausend Gramm Gewicht von Sprosse zu Sprosse. Er hatte ohnehin keine Wahl. Der Schweiß

brach ihm aus allen Poren und er keuchte wie ein verstopfter Auspuff. Noch zwei Sprossen!

Der Doktor hatte inzwischen einen Hebel gezogen und schwebte nun auf einer Bodenplatte nach oben wie auf einer Hebebühne die Autos. Gleichzeitig erreichten sie die Labortür, die sich im selben Moment öffnete.

‚Bestimmt mit einem Bewegungsmelder', dachte Ted anerkennend. Er war nicht nur gut in Mathe, er interessierte sich auch für Technik und wollte einmal Maschinen-Erfinder oder Programmierer für Roboter werden.

Das Labor war ein heller Raum ohne Fenster. Dafür bestanden eine Wand und das gesamte Dach aus Glas. Ted konnte die obersten Wipfel des Nussbaums aus Doktor Frohmuts Garten sehen und sonst nur himmelblauen Himmel mit ein paar Knitterwölkchen.

Auf ein Zeichen des Doktors setzte er sich an den Labortisch.

Susi Schabernack war inzwischen auch hereingeschwebt. ‚Oder hatte sie die Strickleiter benutzt?', fragte sich Ted, weil sie so sportlich aussah.

Ohne Worte stülpte sie ihm eine Art Taucherhelm über den Kopf – eine große Kugel aus Glas und Metall mit einer Gummikrause, die sich um seinen Hals schloss. Durch das eingebaute Mikrofon hörte er die Stimme des Doktors: „Keine Bange, Ted, du wirst mit Atemluft versorgt! Bei jedem Signal blasen wir dir einen anderen Geruchsstoff dazu. Prüfe genau, was du riechst, auch wenn du am Anfang vielleicht nichts unterscheiden kannst!"

Susi saß vor einem Kasten mit unzähligen Aromafläschchen. Der Doktor saß vor dem Computer. Es brummte leise. Dann spürte Ted, wie ein leichter Luftschwung an seiner Nase vorbeiströmte. Er schnüffelte angestrengt, roch aber nichts. „Nichts!", rief er enttäuscht.

„Macht nichts!", sagte der Doktor. „Das waren eben Pommes Frites!"

Teds Magen – den er vergessen hatte – knurrte wieder zornig. Dann kam der nächste Brummton und Luftzug vorbei an den Nasenlöchern. Ted roch wieder nichts. Ach beim dritten, vierten, fünften bis hin zum zwölften Versuch konnte seine Nase nichts feststellen. Er war verzweifelt und glaubte nicht mehr an seine Heilung. Doch plötzlich meinte er, etwas wahrzunehmen. Ganz schwach spürte er, dass die Luft, die er atmete, einen Geruch angenommen hatte. Seine Nasenflügel bebten.

„Ich rieche etwas!", sagte er laut.

„Versuche es genauer zu beschreiben!", riefen ihm der Doktor und Susi gleichzeitig zu.

„Es riecht nicht besonders. Eigentlich eher ein bisschen eklig!"

„Versuche es noch genauer. An was erinnert es dich?"

„An ein altes Auto vielleicht oder einen Ofen?"

„Prima!", riefen der Doktor und Susi gleichzeitig und schauten zufrieden. „Es waren Abgase!"

Ted war empört, was man seiner Nase zumutete. Aber er konnte sich nicht lange aufregen. Schon wieder kam ein neuer Brummton. Er schnüffelte heftig – nichts!

„Nichts!", sagte er fast tonlos und unterdrückte die Tränen, die leise aufsteigen wollten.

„Weiter!", sagte der Doktor. „Nicht aufgeben!"

Darauf spürte er plötzlich etwas Säuerliches, Frisches, das ihn in der Nase zu kitzeln schien. „Zitrone?", fragte er zaghaft.

„Zitrone!“, antworteten die beiden und strahlten.

Und dann hatte Ted immer mehr Treffer. Er roch im Folgenden Waschpulver, Klassenzimmermief, Vanillesoße, eine frisch geteerte Straße und Flieder. Dazu hatte er „eine Blume“ gesagt, aber der Doktor hatte es gelten lassen.

Als er keine Fehler mehr machte und auch Stallmist, Popcorn und Meerwasser deutlich unterschied, lösten sie seinen Helm vom Kopf und schüttelten ihm die Hand.

„Das hat enorm schnell geklappt!“

Für Ted war es eine Ewigkeit gewesen.

„Wir machen gleich mit dem Geschmackstraining weiter!“

Ted hätte sein gesamtes Taschengeld geopfert, wenn er dafür jetzt etwas zu essen bekäme. Selbst Ölsardinen oder Sauerkraut wären ihm recht gewesen, denn der Hunger zwickte in seinem Magen wie verrückt. Statt zu protestieren ließ er jedoch geschehen, dass Susi ihm mit einem Küchentuch die Augen verband.

„Man kann sich besser auf den Geschmack einstellen, wenn man nichts sieht!“, verkündete sie.

„Wir geben dir jetzt unterschiedliche Proben – wie eben beim Riechen. Und du sagst uns, was es ist“, fuhr der Doktor fort. „Du bekommst die Geschmäcker allerdings in Form einer Pille auf die Zunge gelegt, damit du nicht an der Beschaffenheit, der Form oder Oberfläche erraten kannst, ob es sich um Blumenkohl oder eine Mandarine handelt. Streck deine Zunge jetzt raus!“

Ted spürte die Pille. Sofort begann er zu lutschen und zu saugen, zu schmatzen und zu kauen. Er spülte mit der Zunge den Speichelbrei im Mund herum, er drückte ihn vor und hinter die Zähne und oben an den Gaumen.

Er wälzte ihn im ganzen Mund umher und schluckte schließlich den Brei hinunter. Schmecken konnte er nichts. „Weiß nicht!“, sagte er enttäuscht.
„Lass dir Zeit!“, sagte der Doktor. „Wir sind erst am Anfang.“
Wieder übte er Pille für Pille und zählte verzweifelt den neunten Versuch.
Plötzlich hielt er inne. Täuschte er sich oder spürte er eben etwas Salziges? „Salz?“, rief er fragend.
„Aha!“, erwiderte der Doktor aufmunternd. „Das war soeben eine Salzbrezel in Pillenform!“
Beim nächsten Probieren schmeckte es süß, eindeutig. Es folgten sauer und bitter. Dann rief Ted laut: „Erdbeere!“ Obwohl es schon eine Ewigkeit her war, dass er Erdbeeren gegessen hatte!
Schließlich ging es richtig flott voran. Er unterschied Radieschen und Schokoladenpudding, Erdnüsse und Lebkuchen. Ted war selig, aber auch am Ende seiner Kräfte. Die Pillen machten ihn ja nicht satt. Im Gegenteil! Mit jedem neuen Geschmack wurde sein Appetit größer und sein Hunger unermesslicher. Er stellte sich seinen Magen mittlerweile wie eine große dunkle Höhle vor, in der ein Ungeheuer saß, das ihn ständig in die Magenwand biss und „Hungääär!“ schrie.
„Genug!“, rief der Doktor schließlich.
Und im gleichen Augenblick entfernte Susi Schabernack das Geschirrtuch vor Teds Augen. Er war kurz vor einer Ohnmacht.
„Jetzt darfst du essen, was du richtig geraten hast. Natürlich nicht alles. Es soll dir ja nicht schlecht werden. Und langsam! Es nimmt dir keiner von uns was weg. Jeden Bissen musst du mindestens zehnmal kauen!“

Ted wurde schwindlig. Aber diesmal vor Freude. Vor ihm stand ein Teller mit einem köstlichen, goldbraun gebackenen Pfannkuchen, so groß wie eine Frisbeescheibe. Die geschmolzene Butter, in der man ihn gebraten hatte, zischte noch in kleinen Bläschen auf dem Teig. Ted fragte sich, wie das hier im Labor möglich gewesen war, weil er keinen Herd sah. Aber eigentlich war es ihm egal. Die Butter verdampfte einen derart verlockenden Duft nach Rahm und Vanille, dass Ted nicht länger warten konnte.

Er strich von dem zartgelben Apfelmus, das er früher natürlich nie angerührt hatte, einen dicken Schwapp auf den Pfannkuchen und rollte ihn wie einen Teppich auf. Dann schnitt er mit dem Messer ein kleines, himmlisches Stückchen ab und steckte es blitzschnell in den Mund, als fürchtete er, man könnte es ihm wieder wegnehmen. Dann aber besann er sich und kaute langsam, fast zärtlich den ersten Bissen. Ein Wohlgefühl breitete sich sofort in seinem Bauch aus, der so viele Stunden, nein Tage und Wochen gedarbt hatte, weil er nichts mehr schmeckte.

Susi und der Doktor nickten sich zufrieden zu.

„Was die Bezahlung angeht“, begann der Doktor nach Teds drittem Bissen, „oder sagen wir lieber die Hausaufgaben...“

Ted hätte sich vor Schreck beinahe verschluckt. „Natürlich!“, stotterte er und rechnete fieberhaft nach, wie viele Duros in seinem Sparschwein stecken mochten. Zehn? Oder zwanzig? Ob das reichte?

„Also, die Hausaufgaben: Du kommst jetzt eine Woche lang jeden Tag hierher zum Mittagessen – das gibt es nach Plan. Glaube nicht, dass du jetzt drauflosfuttern

kannst. Sonst ist dein Geschmack wieder weg, und zwar für immer. Ist das klar?"
Ted schluckte und nickte.
„Wenn du Hunger hast, kannst du Obst essen. Und wenn deine komischen Klassenkameraden dich veräppeln (dabei lachte der Doktor glucksend) und wenn sie noch so laut rufen: ‚Wer Äpfel schluckt, der ist geschuckt', dann überhörst du sie einfach!"
„Oder ich sage: ‚Äpfel im Mund und ich bleib' gesund'!", ergänzte Ted eifrig.
„Und was die Bezahlung angeht, so wirst du anschließend einmal in der Woche für Susi und mich kochen. Du hast ja Erfahrung durch deinen Kochkurs! Und zwar anständig wird gekocht, nicht jeden Tag Nudeln!", sagte er streng. Aber mit der Clownsnase im Gesicht klang das nicht so schrecklich ernst. „Einverstanden?"
„Einverstanden!", schrie Ted und aß seinen Pfannkuchen zu Ende.
„Meinst du, du schaffst die Strickleiter mit dem vollen Bauch?"
„Klar doch!" Ted hangelte sich leichtfüßiger hinunter, als er gekommen war.
Susi und der Doktor folgten auf der Schwebeplattform. Dann öffnete der Doktor die Tür und winkte Ted hinaus in den Garten. „Da wartet schon einer unter dem Nussbaum!"
Obwohl Ted nur ein „befriedigend" im Sport hatte, schlug er einen Purzelbaum, dass es nur so krachte. Die Luft war herrlich. Die Kleewiese duftete nach Sommer und guter Laune. Kleine weiße Wölkchen klebten wie Popcorn am Himmel.

„Ich kann schwimmen!“, verkündete Robbi glücklich, als Ted auf ihn zurollte.

„Und ich kann wieder alles schmecken!“, jauchzte Ted.

Der eine sprang mit einem Platsch in den Gartenteich, der andere kugelte sich übermütig durchs Gras.

3. Juli, neun Uhr fünfunddreißig

Xaver Zitterle

Susi zupfte Xaver am Arm und nickte ihm zu.
Der kleine Drache zuckte zusammen. „Ich trau' mich nicht alleine!", wimmerte er und war kurz davor loszuheulen.
„Keine Angst, Xaver, Klara begleitet dich zur Behandlung. Und vor dem Doktor brauchst du dich nicht zu fürchten!"
Klara sprang auf und hielt den kleinen Drachen fest an der Pfote, während sie über die Zugbrücke in die Finsternis liefen. Darüber vergaß sie ganz ihre eigene Angst.
Im Behandlungszimmer angekommen musste sie laut lachen: „Bist du ein Doktor oder ein Clown?", fragte sie den komischen Mann auf der Schaukel.
„Wahrscheinlich beides", rief er. „Mal hilft der Doktor den Patienten besser, mal der Clown!" Er sprang von der Schaukel und machte seinen Platz frei für die beiden.
„Setzt euch und erzählt, was los ist. Ich glaube, der kleine Drache muss anfangen. Du siehst so blass aus wie Buttermilch mit Spucke. Das sollten wir möglichst schnell ändern!"
Xaver hörte auf zu zittern. War es die rote Nase des Doktors oder waren es seine Worte, die ihn beruhigten? Jedenfalls berichtete er zuerst stockend, dann mit zunehmendem Mut immer schneller von seiner Furcht zu fliegen und Feuer zu speien und vor allen riesigen, starken Drachen.

Der Doktor nickte immer wieder und machte sich Notizen, die er mit einem gläsernen Bleistift einfach auf seine Schreibtischplatte schrieb – wie auf einen Bildschirm.
Endlich fiel Xaver nichts mehr ein. Er holte tief Luft, als hätte er einen Zentner Äpfel abgeladen.
„Eigentlich bist du doch sehr tapfer! Du bist aus meinem wilden Wartezimmer nicht weggelaufen und hast dich mit einem Haufen ungewöhnlicher Patienten angefreundet.“ Dabei zeigte er auf Klara, die vergnügt von ihrer Schaukel aus zuhörte.
„Du hast eine Flugreise ins Weltall unternommen, ohne den Notknopf zu bedienen. Du sitzt hier vor einem verrückten Doktor, von dem du keine Ahnung hast, was er mit dir machen wird, und weinst nicht einmal!“
Er machte eine Pause. Xavers rosa Pinselohren glühten.
„Hmm!“ Der Doktor räusperte sich. „Ich traue dir jetzt eine Mutreise zu, die dich auf deinen Wunsch stärker machen wird. Und du wirst sie bestehen, ganz ohne Notknopf!“
Doktor Frohmut bediente einen Hebel und in der Wand öffnete sich knarrend ein Loch.
Sogar Klara hielt den Atem an.
„Du wirst nicht alleine reisen. Wimper wird dich beschützen!“, sagte er und winkte in die Luft.
Der kleine Drache kniff die Augen zusammen. Er konnte beim besten Willen niemanden erkennen. Doch dann sah er plötzlich ein winziges Wesen auf sich zu schwirren.
Es hatte zarte, kaum wahrnehmbare Flügel. Das Körperchen war nicht größer als eine Johannisbeere, aber es leuchtete gelbgrün mit einem magischen Licht. Jetzt steuerte es direkt auf Xaver zu: Ein Glühwürmchen!

Xaver war fassungslos. Wie sollte so ein Bips von einem Insekt ihn beschützen?
„Los jetzt!“, rief der Doktor und schob den kleinen Drachen durch das Wandloch. „Und vergiss nicht, du hast genug Mut, um dein Abenteuer zu bestehen. Gute Reise!“
Dann schloss sich das Loch hinter Xaver und dem Glühwürmchen Wimper.

Zunächst war es stockfinster um den kleinen Drachen. Nur Wimper leuchtete mit seinem magischen Licht. ‚Er ist viel größer geworden‘, dachte Xaver. Und das beruhigte ihn, obwohl er am ganzen Körper bibberte.
„Du musst mir dicht auf den Fersen folgen!“, sprach das Glühwürmchen plötzlich. „Na ja, Fersen sind gut, ich meine natürlich Flügel! Und wenn du Angst hast, machst du einfach die Augen zu und tust, was ich dir sage. Alles klar?“
Der kleine Drache nickte.
Im gleichen Augenblick ertönte ein schreckliches Geheul und der Boden unter Xavers Füßen fing an zu schwanken und zu rotieren. Er konnte kaum das Gleichgewicht halten. Er schien auf einer Art Laufband zu stehen, das nun – einem fliegenden Teppich gleich – bergauf und bergab raste. Dazu das schrille Geheul, das aus allen Richtungen in seine Ohren prasselte.
Xavers Herz hämmerte. Er klammerte seinen Blick krampfhaft auf das Glühwürmchen – sein einziger Lichtblick in diesem Moment.
„Wir sind wohl in der Geisterbahn!“, piepste Wimper und lachte.
Plötzlich schienen lange Finger an Xavers Ohren zu

zerren, die Luft wurde dick und stinkend, Blitze zuckten auf. Mitten in dem grellen Licht sah Xaver eine grässliche Gestalt: Ein giftgrünes Monster mit schwarzen Hörnern am Kopf und glühenden Blasen am ganzen Körper.

„Hiiilfe!“, schrie er entsetzt und versuchte, sich irgendwo festzuhalten.

„Mach die Augen zu“, schrie Wimper zurück, „und gib mir die Pfote! Der Geist da vorn ist nicht echt. In einer Geisterbahn ist immer alles nur aus Pappkarton!“ Das Glühwürmchen konnte ja nicht wissen, dass Matze ein leibhaftiges Schreckmonster war.

Xaver kniff die Augen so fest zu, wie er nur konnte. Die Luft wurde jetzt glühend heiß wie in einem Pizza-Backofen, Sirenen heulten um seinen Kopf und er verlor den Halt.

„Hilfe!“, schrie er noch mal. „Ich falle!“

„Du musst fliegen!“, brüllte Wimper erstaunlich laut für ein Glühwürmchen.

„Ich kann nicht fliegen!“, rief der kleine Drache verzweifelt.

„Natürlich kannst du! Ich halte dich doch fest an deiner Pfote!“

„Du bist doch viel zu klein, um einen Drachen zu halten!“, schrie Xaver.

„Ich halte dich doch gar nicht, du fliegst doch schon ganz allein!“, schrie Wimper zurück.

Xaver öffnete die Augen ganz vorsichtig und hoffte, es würde ihm nicht schwindlig werden. Tief unter sich erkannte er das schreckliche Monster, das sie überflogen hatten. Es war schon weit hinter ihnen und sah nur noch halb so schrecklich aus. Das beruhigte ihn und er wagte sich, die Augen ganz aufzumachen. ‚Nur weiter', dachte er und bemühte sich, dicht hinter dem Glühwürmchen zu bleiben.

Er sah sich über Vulkankrater fliegen, die Feuer spuckten. Über Schluchten flog er, über spitze Felsengebirge und reißende Wasserfälle. Wimper leuchtete vor ihm wie eine Sturmlaterne in dem Getöse. Und – er traute seinen Augen nicht: Wimper hatte ihn tatsächlich losgelassen und Xaver flog alleine!

Zuerst lächelte er schief, dann wurde ihm fast schlecht, dann wollte er „Hilfe!" schreien, aber stattdessen schrie er aus vollem Hals: „Wimper, ich fliege!" Er lachte und schluchzte gleichzeitig vor Schreck und Stolz und Freude.

„Sag ich doch! Natürlich kannst du fliegen. Eleganter als eine Schwalbe und höher als ein Zeppelin!", kicherte das Glühwürmchen.

Xaver wiegte sich glücklich in dem brausenden Luftstrom. ‚So muss es den Nichtschwimmern gehen, wenn sie zum ersten Mal vom Wasser getragen werden', dachte er. Übermütig schaukelte und flatterte er in den Luftwellen, wagte sogar Purzelbäume, mehrfache Saltos und schließlich kleine Sturzflüge. Dabei jauchzte er ununterbrochen: „Toll! Herrlich! Einfach super!"

Wimper flog nun neben ihm und freute sich mit.

Es ging nicht lange, da wurde es heller um sie herum – von einem merkwürdig fahlen, kalten Licht. Der Boden unter ihnen war weiß, als hätte es geschneit. Nun wurde die Luft still und eisig. Xaver stellte erschreckt fest, dass Wimper nur noch ganz schwach leuchtete.

„Was ist los?", fragte der kleine Drache und klapperte mit den Zähnen.

„Ich glaube, wir sind gleich am Nordpol!“ Das Glühwürmchen klang matt und glimmte nur noch leicht. Xaver erschrak. „Was ist mit dir, Wimper?“

„Es ist zu kalt für mich!“, flüsterte Wimper kraftlos. „Ich kann nicht mehr leuchten und nicht mehr fliegen, wenn es draußen gefriert.“

Rums! Xaver stieß an etwas Hartes, etwas Eisiges. Auch Wimper kam nicht mehr weiter. Wie ein gläserner Vorhang versperrte ihnen eine Eiswand den Weg. Xaver wollte umkehren, aber sie waren vom Eis eingeschlossen.

„Du meine Güte, was machen wir jetzt?“ Xaver klang längst nicht mehr so mutig wie noch vor ein paar Minuten. „Das ist gefährlicher als die Geisterbahn. Wenn uns nichts einfällt, müssen wir erfrieren!“

„Du musst Feuer speien!“, hauchte Wimper.

„Wie soll ich das machen? Ich habe mich noch nie getraut. Ich kann bloß Reißnägel spucken“, rief Xaver unglücklich.

„Du musst es trotzdem versuchen. Sonst ist es aus mit uns!“

„Ich habe es aber noch nie geübt. Ich wollte mir doch nicht die Nasenlöcher verbrennen!“

„Dann wird es höchste Zeit, dass du es jetzt übst. Etwas anderes kann uns nicht retten.“

„Ich habe aber seit dem Frühstück kein Papier mehr gegessen. Und hier gibt es auch keins. Wie soll ich aus meinem Bauch heraus ein Feuer machen?“, jammerte Xaver.

„Ich kann dir e i n e n Funken zum Anzünden geben! Den Rest musst du selber machen. Nimm halt mal deine Kraft zusammen, statt mit den Zähnen zu klappern!“, befahl Wimper mit einem Stimmchen so dünn wie ein Seidenfaden. „Bist du bereit? Wir haben nur einen Versuch!"

„Warte", sagte Xaver. Er war auf einmal erstaunlich ruhig. Er wusste, es lag jetzt an ihm, sich und seinen Freund zu retten.

„Ich muss erst ein paar tiefe Atemzüge üben, damit wir genug Feuer haben!"

„Aber beeil dich, meine Leuchtkraft geht gleich zu Ende!"

„Also, dann los!"

Der kleine Drach blies die Backen voll Luft, füllte die Lungenflügel bis tief in den Drachenbauch hinein, sodass er einem schuppigen Ballon glich, der gleich zu platzen drohte. Dann hielt er den Atem an, sperrte seinen Rachen weit auf, hob die Pfote und signalisierte Wimper damit, dass er für die Zündung bereit war. Wimper klammerte sich auf der Drachenzunge fest so tief es nur ging und zielte einen winzigen Funken, scharf wie ein Pfeil, in Xavers Rachen.

Nichts rührte sich. Es war totenstill.

Xaver rollte mit den Augen und würgte. Und im gleichen Augenblick schien es eine Explosion zu geben. Mit der Wucht eines Vulkanausbruchs schoss eine Feuersäule aus dem Drachenmaul, die wie ein Dolch die Eiswand durchstieß. Kristalle platzten nach allen Seiten und fielen wie Glassplitter auseinander. Der Feuerstrom schien nicht zu versiegen und brachte in Sekunden die Wand zum Schmelzen – wie eine Eisbombe in der Julisonne. Die Wand, die Eisberge ringsum, alles zerfloss unter dem nicht enden wollenden Feuerschwall.

Endlich war es still. Xaver saß völlig ausgepumpt in einer riesigen Pfütze. Aus seinem etwas angekohlten linken Nasenloch krabbelte Wimper heraus. Das Glüh-

würmchen machte seinem Namen alle Ehre: Es strahlte und glänzte wie frisch poliert.
„Von wegen, du kannst kein Feuer speien! Du hast soeben die komplette Drachenfamilie Zitterle in den Schatten gestellt. Die hätten ganz schön gestaunt. Und uns hast du das Leben gerettet. Keine Sekunde länger hätte ich es ausgehalten in der Kälte. Was für ein Abenteuer!"
Der kleine Drache lächelte erschöpft. „A... aber o... ohne d... deinen Riesenfunken h... hätte ich es nie g... geschafft!" Seine Zähne klapperten und er zitterte noch immer bis in die Schwanzspitze. Kaum zu fassen, dass sie die Gefahr bestanden hatten.
Xaver schaute sich erleichtert von seiner Pfütze aus um. „Na so was. Ich glaube, wir sind wieder auf sicherem Boden!"
Die Eislandschaft war verschwunden. Er und Wimper saßen in einem Raum mit einer einzigen Tür. An ihr hing ein Schild: „Behandlungszimmer".
„Gehen wir hinein", schlug Wimper vor. „Obwohl die Behandlung ja eigentlich abgeschlossen ist", kicherte er und schwirrte voraus.

Kaum zu glauben, dass Klara gerade erst ihren Bericht vom verschluckten Fahrradschlüssel beendet hatte. Xaver meinte, sie wären Stunden unterwegs gewesen. Vielleicht lag es daran, dass er in kurzer Zeit gelernt hatte, was sonst Jahre dauern konnte.
„Wie siehst du denn aus?", fragte Klara und schloss den kleinen Drachen in die Arme.
„Warum?", fragte er unsicher.
„Na, weil deine süßen rosa Öhrchen ganz schwarz sind!"
Xaver lachte verlegen.

„Das kommt vom Fliegen und Feuerspeien!“, erklärte Wimper.

Klara sperrte ungläubig Mund und Nase auf.

Der Doktor nickte zufrieden. Dabei wippten alle Zöpfchen an seinem Kopf mit.

Xaver und Wimper guckten sich an. Der eine hob seine Pfote, der andere seine winzige Käferhand. Dann klatschten sie sich ab wie dicke Freunde.

„Du musst gehen!“, sagte Wimper. „Zu deiner Familie. Sie warten schon!“

„Und du? Willst du nicht mitkommen?“, bettelte Xaver.

„Ich bleibe beim Doktor. Er braucht mich noch für andere Angstmöpse!“

Xaver bekam wässrige Augen, diesmal aber nicht aus Angst.

„Nachdem wir nun zwei tapfere Helden vor uns haben“, unterbrach der Doktor, „und bevor der Abschiedsschmerz zu groß wird, wollen wir uns über die Bezahlung unterhalten!“

„Ich habe kein Geld!“, rief Xaver erschrocken.

„Wer redet denn von Geld? Ich dachte, du solltest in diesem Winter ab und zu die Heizung in meinem Haus übernehmen. Was ich da für einen Feuerball aus deinem Maul auf dem Monitor gesehen habe – alle Achtung! Das war gewaltig!“, schnaubte er. „Und Wimper freut sich bestimmt, wenn er nicht den ganzen Winter über Winterschlaf halten muss. Also dann, bis zum ersten Frost, mein Lieber!“ Der Doktor schob den kleinen Drachen durch die Tür in den Garten. „Da sitzen schon zwei. Denen kannst du dein Abenteuer erzählen.“

Und bevor Xaver sich richtig bedanken konnte, saß er schon draußen im Gras. Er blinzelte in die Sommersonne. Links sah er Robbi im Gartenteich planschen und schwimmen und rechts kugelte Ted durch die Wiese und schrie dauernd: „Ich schmecke wieder Apfelmus, hurra!“

„Und ich kann fliiiiegen!“, schmetterte Xaver mit unerhörter Lautstärke und drehte ein Looping hoch über dem Nussbaum.

3. Juli, neun Uhr einundfünfzig

Klara Guckloch

„Für jedes Mittel gibt es ein Gegenmittel“, erklärte der Doktor, als Klara mit ihrem Bericht zu Ende war.

„Wir haben für fast alle Gilftschlangenbisse ein Gegengift. Wir können scharfe Säuren und Laugen neutralisieren. Und für jeden Zauber gibt es einen Gegenzauber!“

Er zupfte nachdenklich an seinen Zöpfchen und dachte nach.

Klara wagte kaum zu atmen. Sie verhielt sich mucksmäuschenstill, um den Doktor nicht beim Grübeln zu stören. Sie hoffte zutiefst, es möge ihm etwas einfallen, um ihre Durchsichtigkeit zu beenden.

Xaver war im Garten verschwunden. Er hatte ihr noch mit der Pfote gezeigt, wie er die Daumen für sie drückte.

Hinter keiner der Türen drang jetzt ein Laut hervor. Die Fische im Aquarium schwammen lautlos durch ihren Zauberwald aus Wasserpflanzen.

Endlich kam Bewegung in den Doktor. Er schritt zum Aquarium und murmelte: „A3 oder C7? Mal sehen, was meine kleinen Berater meinen!“

Er schnippte ein Schäufelchen Fischfutter ins Becken. Es wirbelte wie silbrige Schuppen durchs Wasser. Klara schaute zu, wie die Fische danach schnappten. Aber was war das? Konnte das sein?

Es gab keinen Zweifel. Die Fische formten sich zu einer bizarren Figur, nein zwei Figuren, eine Art Halbmond und ein Turm – oder ein Stecken mit Griff?

„Also C7 meint ihr? Das dachte ich auch!“, sagte der Doktor mehr zu sich selbst. Er schritt zum Bücherregal, griff nach einem dicken Buch, das auf dem Brett mit der Bezeichnung C7 stand. Er holte aus und warf es mit einem kräftigen Schwung in die Luft. Es klatschte auf den Boden, wo es aufgeschlagen liegen blieb.
Der Doktor kniete sich hinunter. „Also dann schauen wir mal, was uns Seite vierhundertdreizehn zu sagen hat!“
Klara traute sich, dem Doktor über die Schulter zu gucken. Nervös kaute sie an ihrem kleinen Finger. So sehr sie sich anstrengte, etwas lesen zu können, keines der Zeichen auf Seite vierhundertdreizehn schien aus unserem ABC zu stammen. Es musste eine Gelehrten- oder Geheimsprache sein.
„Natürlich!“, entfuhr es dem Doktor erleichtert. „Das ist mir klar, so muss es gehen!“ Und zu Klara sagte er: „Jetzt hast du es gleich geschafft. Ich muss nur noch ein paar Sachen zusammenmischen!
Er eilte an seinen Schreibtisch, zog eine Schublade heraus, die mit Flaschen, Glasschalen und Reagenzgläsern wie ein kleines Labor aussah. Flink rührte er braune Tropfen, gelbes Pulver, schwarze Körnchen und allerlei Flüssigkeiten zu einer cremigen Paste.
„Susi, kannst du bitte rasch kommen?“, rief er in die Sprechanlage.
„Sie wird jetzt deinen Körper mit der Paste eincremen und dann geht es für zehn Minuten in die Dunkelkammer. Wenn die Mischung stimmt, bist du hinterher nicht mehr durchsichtig!“ Zufrieden klappte er das dicke Buch zu und stellte es zurück ins Regal.
„Aber sonst passiert nichts mit mir?“, fragte Klara unsicher.

„Entweder es klappt oder es klappt nicht!"
„Na toll, und wenn es nicht klappt?"
„Finden wir etwas anderes!" Der Doktor reichte Klara einen Spiegel. „Damit du dich noch ein letztes Mal von innen bewundern kannst!"
Susi trat ins Zimmer. „Na, dann wollen wir mal loslegen!" Sie nahm Klara an die Hand und verschwand mit ihr und dem Salbentopf in der Dunkelkammer.
So sehr die Salbe auch auf ihrer Haut brannte, Klara hatte nur einen einzigen Gedanken: ‚Bloß wieder dicht sein.' Sie biss die Zähne zusammen und zählte die 30 Sekunden, in der die Salbe wirken sollte. Endlich spülte Susi Klaras Haut ab und reichte ihr einen Spiegel.
Mit einem Schrei stürzte Klara aus der Dunkelkammer. Sie fing sofort an, wie verrückt durchs Zimmer zu hopsen und zu tanzen. Sie fasste Susi und den Doktor einfach an den Händen und zog sie mit. Dabei jubelte sie laut: „Ich bin wieder dicht, trallallalla – und der Fahrradschlüssel ist auch wieder da!"
„Schluss jetzt!", rief der Doktor atemlos nach ein paar wilden Runden. „Wir haben noch mehr Patienten!" Er verbarg sein Schmunzeln und versuchte streng zu klingen: „Dein Freund Ted ist doch in der gleichen Schule wie du, oder? Er hat auch Hausaufgaben bekommen! Du kannst mit ihm zusammen antreten. Er kocht und du wirst uns helfen Pillen zu drehen. Ganz kleine, schöne, runde Pillen, sehr sorgfältig, nach vorgeschriebenem Rezept. Und möglichst ohne Fahrradschlüssel zu verschlucken!"
Klara nickte heftig. Sie fuhr sich über Arme und Beine, als wollte sie ein Kleid glatt streichen. „Super, dass ich

wieder undurchsichtig bin!“, strahlte sie. „Auf den neuen Job freue ich mich auch!“

Der Doktor lachte. „Und nun raus in den Garten zu den anderen!“, rief er. Und zu Susi sagte er: „Zeit für den nächsten Patienten, sonst werden wir hier nie mehr fertig!“

3. Juli, zehn Uhr siebenundzwanzig

Carlo Samtig

Carlo erinnerte sich noch genau, wie er mit dem Doktor auf der Schaukel gesessen und ihm begeistert von seinem Beruf erzählt und sich gleichzeitig dafür geschämt hatte. Der Doktor war ein guter Zuhörer gewesen, der sich viel Zeit für Carlos Problem nahm und viele Fragen stellte. Carlo hätte ihm zu gerne die Clownsnase stibitzt, was er aber nicht ganz fair fand. Deshalb ließ er es lieber. „Ich wundere mich, dass du mir nicht die Zöpfe vom Kopf geklaut hast!", meinte der Doktor damals, als könnte er Gedanken lesen. Und dann hatte er die beste Lösung gefunden, die es überhaupt geben konnte. „Potzdonnerwetterfingerklau!", zischte Carlo anerkennend durch die Zähne, bevor er sich von Doktor Frohmut und den anderen Patienten verabschiedet hatte. Natürlich auch von Susi Schabernack, deren Apfel er noch flugs und unbemerkt in seine Hosentasche wandern ließ. Er konnte es einfach nicht lassen. Außerdem mussten ihm alle versprechen, sich am nächsten Freitag um fünf Uhr bei ihm in der Ufergasse 1 einzufinden zu einem kleinen Fest, das er aus Dankbarkeit und Freude mit allen feiern wollte. Und dann war er wie ein Komet durch das Fenster, durch das er eingestiegen war, wieder verschwunden. Das war am Morgen gewesen.
In der Nacht lungerte er mit Knall nahe beim Maleratelier von Hieronymus Pilz herum. Die Dunkelheit

verschluckte die beiden fast vollständig. Es war regnerisch, eine Nacht ohne Sterne. Die Sparlampen der Straßenlaternen verbreiteten einen käsigen Schimmer, der nur einen Umkreis von zwei Metern erreichte. Ideale Bedingungen für einen kleinen Einbruch! Der Regen nieselte dünn und gleichmäßig vom Himmel und erzeugte ein monotones Eigengeräusch, das alle anderen Laute verschluckte.

Carlo gab Knall ein Zeichen. Das Hündchen verstand. Wie aus Stein gemeißelt verharrte es im Schatten der Mauer. Nur die Augen bewegten sich und verfolgten sein Herrchen genau.

Carlo schwang sich lautlos über die Mauer und schlängelte sich von Gebüsch zu Gebüsch auf das Haus zu. Alle Fenster waren dunkel. Der Künstler schien zu schlafen oder war ausgegangen. Mit hundertfach geübtem Griff und einem winzigen Knacken öffnete Carlo ein Fenster und schlüpfte ins Haus.

Am nächsten Tag stand es in der Zeitung:

> Kuriose Diebeszüge in Wiesenquellbrück
>
> In der vergangenen Nacht ereigneten sich drei merkwürdige Einbrüche, die nicht nur der Polizei, sondern auch den Opfern Rätsel aufgeben.
>
> Herr Professor Klüger meldete, dass sein kostbarer Humidor (das ist so eine Art Frischebox für Zigarren) aus bestem Kauriholz gestohlen wurde. Zu seiner Überraschung hatte der Dieb jedoch eine Zeichnung zurückgelassen. Sie ist ähnlich einer Schatzkarte, mit einem Kreuz und dem Hinweis, dass der Humidor an dem gekennzeichneten Ort zu finden und abzuholen sei.

Wir bitten um Mithilfe der Bevölkerung, damit Professor Klüger seinen Zigarrenkasten wiederbekommt.

Der zweite Einbruch ereignete sich bei Familie R. Dort wurde ein grünes Kinderfahrrad aus dem abgeschlossenen Kellerverschlag entwendet. Es könnte sich um den gleichen Dieb handeln. Denn hier entdeckte Felix, der Sohn der Familie R., eine ähnliche Zeichnung mit dem Zusatz: „Dort findest du dein Rad!" In diesem Fall bitten die Polizei und Familie R. ebenfalls um Mithilfe der Bevölkerung.
Die Zeichnung war mit C.d.U. unterschrieben. Dabei kann es sich um die Initialen des Diebes handeln, also z.B. „Constantin, der Unbekannte" oder so ähnlich. Vielleicht ist jemandem der Name mit den oben genannten Buchstaben bekannt. Hinweise bitte an die Redaktion!

Der dritte Einbruch geschah in der Villa unseres geschätzten Künstlers Hieronymus Pilz. Er berichtete uns entsetzt von dem kahlen Fleck an der Wand, wo am Tage zuvor noch sein derzeit kostbarstes Werk „Der Punkt" gehangen hatte. Das Bild hat die Maße 40x70 Zentimeter und zeigt einen fingernagelgroßen braunroten Punkt in der linken unteren Ecke des Bildes. Das Werk wird auf 10 000 Duro geschätzt. Auch hier hat der Dieb eine Zeichnung hinterlassen mit einem Kreuz für den Fundort und den gleichen Initialen: C.d.U. (Es könnte auch heißen: Clemens, das Ungeheuer! Anmerkung der Redaktion.) Unser Künstler Hieronymus Pilz hat eine Belohnung von 10 Duro für den ehrlichen Finder ausgesetzt.

Carlo schlug sich vor Wonne auf die Schenkel, nachdem er die Berichte gelesen hatte. „Zwetschgenmus und Himbeerpudding! Wenn das kein Spaß ist! Knall!“, grölte er ausgelassen.
Das Hündchen bellte freudig – angesteckt von der guten Laune seines Herrchens – und sprang gleichzeitig mit allen vier Beinen in die Luft.
„Was meinst du? Sollen wir uns die großartige Belohnung von 10 Duro sichern und dir eine Bockwurst in Größe XXL dafür holen?“ Er lachte schallend. „Oder lieber eine Flasche Rotwein für den Doktor, der die beste Idee der Welt hatte? Carlo der Undieb!“ Er ließ die letzten Worte genüsslich auf der Zunge zergehen. „Das ist jetzt ein richtiges Markenzeichen geworden. Die Zeitung wird noch zu tun bekommen. Jeden Tag ein neuer Bericht. Mindestens. Und ich vermute mal, dass Eddi mit seinem kleinen Bruder ziemlich zufrieden sein dürfte!“
Bei den letzten Worten flog die Tür auf und Eddi – als hätte er es gehört – platzte ins Zimmer.
„Anständige Arbeit, Carlo!“ Er pfiff anerkennend durch die Zähne. „Hättest mich auch mitnehmen können zu unserem Pinselkönig! Na ja, nichts für ungut! Aber verrate mir mal, wovon du leben willst, wenn du alles wieder zurückversteckst?“
„Vielleicht von den Belohnungen“, lachte Carlo. „Nein, natürlich nicht. Es könnte aber sein, dass die Polizei kluge Detektive sucht, die Schatzkarten lesen können. Möglicherweise hat auch der Doktor einen Job für mich. Wir werden sehen.“
„Auf jeden Fall ist die halbe Stadt auf den Beinen“, berichtete Eddi. „Alle haben Schatzkarten in der Hand.

Sogar ganze Schulklassen sind unterwegs und suchen wie verrückt. Jeder will deine verschlüsselte Wegbeschreibung knacken.“ Er grunzte anerkennend. „Wenigstens bist du deinem Handwerk treu geblieben, du alter Undieb!“ Damit packte er eine Tüte Brötchen aus, eine Salami, eine Gurke und zwei Tomaten.
Als er Carlos zweifelnden Blick sah, knurrte er: „Die Brötchen hat Samtpfote (das ist Eddis Frau) gebacken, Gurken und Tomaten wachsen auf unserem Gartenbeet, wie jeder weiß, und die Salami, die lag irgendwo rum. Iss jetzt dein Frühstück, bevor der Kaffee kalt wird!“
Die beiden Brüder ließen es sich schmecken. ‚Was für ein herrliches Leben‘, dachte Carlo zufrieden. Er legte die Füße hoch und machte Pläne für die kommende Nacht.

3. Juli, zehn Uhr sechsundvierzig

Pupsmonster Paul

Nachdem Carlo die Praxis verlassen hatte, schickte Susi den blassen Paul los. Mit einem schwachen Lächeln begrüßte er den Doktor und winkte seinem Freund Matze, dem Schreckmonster, zu.
„Augenblick noch", meinte der Doktor zu Paul. Und zu Matze sagte er: „Also, deine Arbeit war gut und erfolgreich! Morgen sehe ich dich wieder hier um die gleiche Zeit. Vielleicht könntest du deine Haare inzwischen waschen, damit du nicht ganz so hässlich aussiehst!"
Matze grinste. „Das sind doch keine Haare, das sind Hörner! Aber das geht schon in Ordnung, ich werde sie abstauben. Bis morgen dann, Doc!"
„Setzen wir uns auf die Schaukel", schlug Doktor Frohmut dem Pupsmonster vor. „Da kannst du mir in Ruhe berichten, warum deine Verdauung nicht stimmt!"
Paul war beeindruckt. Der Doktor hatte – noch bevor Paul einen Pups, nein, einen Pieps hatte sagen können – erkannt, worunter Paul litt. Sogleich erzählte er ihm, wie es zu dem Kirschkern-Unglück gekommen war. Mit einem tiefen Seufzer beendete er seinen Bericht.
„Ich denke, da musst du dir keine Sorgen machen. Das müssten wir ziemlich flott wieder hinbekommen!"
Der Doktor rief Susi Schabernack zu sich. „Wir haben hier einen Kandidaten, der ist reif für die Waschanlage. Na ja, eigentlich ist es keine Waschanlage", sagte er zu

Paul, „eher eine Durchputz-Anlage. Denn zuallererst musst du mal deine Kirschkerne loswerden. Und dazu brauchen wir noch..."

Er stand auf, ging zum Regal und griff nach einem Buch. Er warf es in die Luft und es fiel wie ein Sack Kartoffeln auf den Boden, wo es aufgeschlagen liegen blieb.

„Alter Trick", lächelte er, als er Pauls vor Staunen offenen Mund sah. „Wir brauchen etwas Brennnesseltee, ein paar Tropfen Sennesblätter-Elixier, eine Prise Backpulver und etwas Rosenöl!", diktierte er Susi, die sogleich alles zusammenmischte.

Die Durchputz-Anlage war eine Plexiglasröhre und sah aus wie eine liegende Rakete. Susi platzierte das Pupsmonster bequem auf den Rücken und schob ihm ein Kissen unter den Kopf. „Mund auf!", befahl sie und träufelte ihm die Höllenmixtur auf die Zunge. ‚Schmeckt gar nicht übel', dachte Paul, ‚jedenfalls nicht so schlimm, wie es aussieht.'

„Gleich bist du deine Kerne los!", beruhigte sie Paul, der ziemlich unsicher nach ihr schielte, weil er keine Ahnung hatte, was mit ihm passieren würde.

Susi schloss die Plastikröhre mit dem durchsichtigen Deckel. Im gleichen Moment klappten zwei Arme aus der Decke der Röhre und fingen an, Pauls blassen, aufgeblähten Schlabberbauch zu massieren. Paul musste lachen. Es kitzelte fürchterlich.

Kurz darauf klang es wie ein prasselndes Kaminfeuer, als Pauls Kirschkerne an die Plexiglaswand flogen. Er konnte sich gar nicht erinnern, so viele Kirschen gegessen zu haben. Sein Bauch wurde allmählich immer flacher und erhielt seine alte, blaudunstige Farbe wieder. Das Scheppern verstummte. Susi öffnete die

Röhre und Paul glitt leicht wie eine Gardine und strahlend wie eine Butterblume herunter von seiner Behandlungsliege.
„Du bist ein Wunderdoktor!“, sagte er voller Respekt und Anerkennung zu Doktor Frohmut.
„Übertreib jetzt nicht. Eine Verstopfung kann jeder behandeln. Viel wichtiger ist, ob die Funktion, die dir deinen Namen als Pupsmonster gibt, wieder in Ordnung ist“, grinste er. „Gib uns doch mal eine Probe dessen, was du sonst so gerne in Straßenbahnen, Kinos und Konzerten loslässt!“
Susi und der Doktor schauten sich listig wie zwei Verschworene an.
Paul richtete sich auf. „Kein Problem!“, sagte er stolz.
Es war still im Zimmer. Kein Kern schoss knallend durch den Raum. Man konnte eine Stecknadel fallen hören. Alle warteten gespannt.
Und dann, sanft wie ein unsichtbarer Nebel, breitete sich (ja was? Paul stutzte) ein Duft nach Rosenblüten aus. Rosenblüten! Was hatte das zu bedeuten? Sollte ihm der Doktor die falsche Medizin verabreicht haben?
„Es riecht ja gar nicht mehr nach mir!“, schluchzte er vorwurfsvoll. „Ich kann mich ja gar nicht mehr Pupsmonster nennen!“ Nun heulte Paul in heller Verzweiflung. Kein Mensch würde sich über Rosenduftpupser aufregen.
Susi konnte den unglücklichen Kerl, der wie ein nasser Waschlappen zusammengefallen war, nicht ansehen. Sie nahm ihn in die Arme und versuchte ihn zu trösten.
Doktor Frohmut kam ihr zu Hilfe. „Es wird nicht lange wirken, das Rosenwasser!“, beruhigte er Paul.
„Wir wollten nur mit Rücksicht auf unsere anderen

Patienten lieber etwas angenehme Düfte im Zimmer haben. Ich schätze, in ein, zwei Tagen hast du deine alten Fähigkeiten wieder erlangt und kannst sicher sein, dass alle im Umkreis von zehn Metern dein Talent riechen werden!“

Paul guckte schief. Es leuchtete ihm ein. Der Doktor und Susi lachten ihn so vergnügt an, dass er nicht anders konnte, als ihnen zu glauben.

„Ja dann...“ Er trocknete sich die Tränen. „Dann sag’ ich mal danke!“ Er schaute auf. „Und wie ist das mit der Bezahlung?“

Doktor Frohmut winkte ab. „Das geht schon in Ordnung. Und wenn ich mal jemanden hier habe, den ich unbedingt los sein will, dann rufe ich dich sofort, da kannst du Gift drauf nehmen!“

„Lieber nicht!“, sagte Paul. „Aber dass du mich rufst, ist versprochen?“

„Versprochen!“

Paul entschwand erleichtert durch die Seitentür in den Garten.

3. Juli, elf Uhr zwölf

Kuno Karpfen

Eben schleppte Susi die Kinderbadewanne ins Behandlungszimmer und stellte sie auf den Schreibtisch. „Das ist Kuno! Er konnte zwar nicht selber durch den Gang laufen, aber er weiß, wie man sich höflich begrüßt, nicht wahr, Kuno?“
Der Doktor drückte Kuno etwas überrascht die Hand, die ihm der Fisch entgegenstreckte.
„Nun, du bist ja wirklich eine interessante Spezies!“, rief er aus.
„Was ist eine Spezies?“, fragte Kuno.
„Na, so eine Art Familie. Die Familie der Handfische zum Beispiel.“
„Zu mir gibt es eine Familie? Ich dachte, ich wäre ganz allein – eben der einzige Handfisch!“
„Das kann gut sein. Dann bist du eine neue Spezies! Hast du denn die Hände schon immer gehabt?“
„Natürlich nicht!“, protestierte Kuno. „Der alte Seeteufel aus dem Ulmensee hat sie mir gezaubert. Und das kam so...“ Kuno erzählte ausführlich von dem schrecklichen Erlebnis und sparte ehrlicherweise nicht aus, dass er den Gefahrenunterricht geschwänzt hatte.
Der Doktor knabberte an seiner Unterlippe. „Das dürfte nicht ganz einfach werden“, gab er schließlich zu.
„So ein mächtiger Zauberer wie der Seeteufel ist nicht so einfach zu überbieten. Es könnte eine Weile dauern, wenn überhaupt!“

Bei diesen Worten wurde dem Fisch ganz schlecht. Er schaute bang aus seiner Wanne zu, wie der Doktor auf seiner Computertastatur hämmerte, immer wieder etwas anklickte, auf dem Tisch notierte und den Kopf dabei schüttelte. Er beobachtete, wie der Doktor nacheinander mehrere Bücher aus dem Regal zerrte, sie in die Luft schmiss, am Boden die aufgeschlagenen Seiten studierte und wieder den Kopf schüttelte. Bald darauf sah er, wie der Doktor ein Labor aus einer Schreibtischschublade zog und anfing, verschiedene Tropfen und Pulver zu mischen. Die Pasten färbten sich mal grün, mal violett. Und immer wieder schüttelte er den Kopf. Schließlich nahm er ein Schäufelchen und schüttete den Fischen wohl etwas Futter ins Aquarium. Sie schnappten danach und schienen mit ihm in einer Art Sprache zu sprechen, die Kuno nicht verstand. Nach endlosem Schweigen sagte der Doktor schließlich etwas. „Mein lieber Kuno, ich werde dich zunächst zu den kleinen Kameraden ins Aquarium setzen. Dort hast du mehr Platz als in der Kinderwanne – und mehr Unterhaltung."

„Es kann auch nicht schaden", fuhr er fort, „wenn du inzwischen deine Sicherheitsregeln übst. Zeit genug hast du. Ich mische inzwischen ein Spezialfutter, das mir meine Barsche empfohlen haben. Wenn alles klappt, wachsen dir deine Flossen wieder. Vielleicht!", fügte er hinzu und ließ Kuno mit einem Bauchplatscher ins Becken fallen.

Kunos Herz war schwer. Dennoch musste er über das glasklare Wasser staunen, das hell schimmerte. Ganz anders als im morastigen Ulmensee. Die Kieselsteine am Grund blitzten weiß wie frisch geputzte Zähne und die Wasserpflanzen, an denen er vorsichtig knabberte, schmeckten wie zarter Spinat.

Während er alles betrachtete, schob ihm der Doktor plötzlich eine Pille ins Maul und drückte ihm die Hand. „Wird schon werden. Du musst nur fest daran glauben!“, sagte er. „Bis dir die Flossen wachsen, kannst du dich mit deinen Händen nützlich machen und das Aquarium putzen. An allen Scheiben kleben die Algen schon wieder.“

Kuno nickte tapfer und begann, die Glaswände noch blanker zu wischen. Die Barsche, Welse und Krebse verfolgten aufmerksam seine Arbeit.

„Erzähl uns was vom Ulmensee!“, meinte eine Wasserschnecke. „Wir kennen nur diese Unterwasserwelt und nennen sie ‚Doktor Frohmuts Südsee‘!“

„Und was ist bitte sehr Sicherheitsunterricht?“, fragte ein Wels mit langen Barthaaren am Kinn, die lustig nach allen Seiten abstanden.

„Ach ja“, seufzte Kuno, „der Sicherheitsunterricht! Den werdet ihr hier mit Sicherheit nicht brauchen!“

Er berichtete die Geschichte mit dem Angelhaken und dem alten Seeteufel, der ihn vor der Bratpfanne gerettet hatte. Er war glücklich darüber, dass ihm ein interessiertes Publikum lauschte, das ihn auch verstand.

3. Juli, elf Uhr achtunddreißig

Prinzessin Schreckauf

„Doktor Frohmut, Sie müssen bitte das Behandlungszimmer verdunkeln. Prinzessin Schreckauf verträgt kein Tageslicht, sonst…" Susi suchte nach dem passenden Wort. „Sonst verdunstet sie!", sagte sie schließlich. Der Doktor ließ die Rollos an den Fenstern herunter. Die Beleuchtung im Aquarium verbreitete ein türkisgrün gedämpftes Licht – genau so, wie man sich die Südsee vorstellt. Der Monitor auf dem Schreibtisch schimmerte matt. Sonst war der Raum in samtige Dunkelheit getaucht.

Der Doktor saß auf der Schaukel, als die Gespenster-Prinzessin durch den stockfinsteren Verbindungsgang ins Behandlungszimmer schwebte. Ihr Fetzenkleid flatterte in nervösen Bewegungen um sie herum und verbreitete eine Kaskade aus Spitzen und Spinnweben. Wohl um sich zu orientieren, vielleicht auch aus Neugier, flog sie ein paar Kreise – vorbei an dem langen Bücherregal mit all dem merkwürdigen Inventar, vorbei am Schreibtisch, den Türen auf halber Höhe, den Strickleitern und den Bildern. Über dem Aquarium verharrte sie kurz, erkannte dann Kuno und winkte ihm erfreut zu.

Er winkte zurück. Zwischen zwei Fingern schimmerte ein dünnes, silbriges Schwimmhäutchen – oder täuschte das?

„Willst du auf der anderen Schaukel Platz nehmen,

Prinzessin?“, klang die Stimme des Doktors und erinnerte sie daran, weshalb sie gekommen war.

„Sehr gerne!“, antwortete Schreckauf. Ein bisschen wie ein gerupftes Huhn saß sie mit ihrem Federkleid auf dem anderen Schaukelbrett und schwang durch die dunkle Luft.

„Ich habe eine Freundin gefunden“, begann sie, „die Emmi aus der Turmgasse, oberster Stock.“ Sie machte eine kleine träumerische Pause.

„Als die Emmi krank war und nachts wach lag, haben wir uns kennengelernt. Jetzt ist sie gesund und schläft nachts wieder. Ich kann sie also nur am Tag treffen. Aber das Tageslicht löst mich auf!“ Ein kleiner Schluchzer flog von ihrer Schaukel herüber.

Das Unglück war zu verstehen. Da findet sie endlich eine Freundin und kann sie nicht treffen! ‚Immer wieder diese Hindernisse im Leben‘, dachte der Doktor. ‚Aber das gehört dazu. Ist nur nicht angenehm für die Beteiligten.‘

Schreckauf konnte sehen, wie er nickte. Sie fuhr fort, sprach von ihren Eltern, König Fürchtesam und Viola Windhauch, die beide in letzter Zeit zu müde zum Spuken geworden waren und ihr diese Aufgabe übertragen hatten. Was sie ja auch gerne tat. Doch noch lieber hätte sie jemanden zum Spielen gehabt. Aber in dem alten Burggemäuer gab es außer Kellerasseln und Fledermäusen niemanden.

‚Man müsste die Moosburg zu einem Landschulheim umbauen‘, stellte sich der Doktor vor. ‚Da wäre was los da oben!‘ Doch gleich hörte er der Prinzessin wieder zu.

„Ich habe mir überlegt, mein Kleid mit Ruß schwarz zu färben. Aber wie sehe ich dann aus? Kein Mensch würde mich als Gespenst erkennen. Man würde mich mit einer schwarzen Riesenspinne verwechseln und fangen."

„Es ist verzwickt", gab der Doktor zu. Was könnte die Lösung sein? Es musste einen Ausweg geben. „Als Gespenster-Prinzessin gehörst du doch sozusagen auch zu den Geistern?"

Schreckauf dachte nach. Natürlich! Ihr Großvater war der große Turmgeist Heribert Glock gewesen. Und der Vetter ihrer Mutter arbeitete heute noch als Flaschengeist in einer Weinhandlung. „Das stimmt!", sagte Schreckauf. „Aber was heißt das?"

„Nun, Geister sind ja in der Regel unsichtbar, bei Tag und bei Nacht!" Der Doktor stoppte seine Schaukel und lief mit wippenden Zöpfchen zum Bücherregal. Er schmiss ein Buch auf den Boden und hielt die aufgeschlagenen Seiten dicht ans Aquarium, damit er in dem meergrünen Licht lesen konnte.

„Geister sind geistige Wesen, deren Körper unsichtbar sind", trug er vor. „Sie können reden, fühlen, denken und sich bewegen wie richtige Lebewesen – bloß dass sie keiner sehen kann. Zum ersten Mal wurden sie von Ferdinand Möndlich vor sechshundertdreiundvierzig Jahren in der Gegend von..."

„Das ist nicht so wichtig!", murmelte der Doktor. „Aber hier! Da heißt es: ‚Geister werden von Menschen sehr unterschiedlich wahrgenommen. Einige erleben Höllenschrecken, wenn sie Geisterstimmen hören und – was noch schlimmer ist – von Geisterhänden angefasst werden. Viele Geister scheinen bevorzugt an Menschenhaaren zu zerren, was die Angst der Betroffenen noch steigert. Andere werden als gute Geister bezeichnet. Diese erledigen ab und zu Arbeiten,

die von Menschen als lästig empfunden werden.'"
'So wie Hausaufgaben machen und Zimmer aufräumen', dachte der Doktor.
„Gute Geister übernehmen bisweilen eine Beschützerrolle", fuhr er fort. „Sie warnen oder bewahren die Menschen vor Unglück. Die beliebte Redewendung ‚Du bist wohl von allen guten Geistern verlassen!' bedeutet demnach so viel wie: Der arme Mensch hat niemanden, der ihn vor Dummheiten bewahrt! Außerdem gibt es noch die Geister der Geisterbahn zu erwähnen. Diese..."
„Ach, das ist nicht so wichtig!", murmelte der Doktor.
„Aber hier, jetzt kommt das Entscheidende!" Er lachte vergnügt. „Da, lies selber. Das ist genial!" Er winkte Schreckauf zu sich.
„Sobald Geister Kleider tragen, werden sie übrigens sichtbar. Allerdings nur in der Nacht. Bei Tageslicht verblassen sie und verlieren dabei ihre Geisterkraft!", las die Prinzessin laut. „Deshalb sollten Geister tagsüber unbedingt OHNE Kleider ihrer Arbeit nachgehen, sonst werden sie von ihren außergewöhnlichen Fähigkeiten verlassen."
Es dauerte keine fünf Sekunden, bis die Prinzessin begriff. „Juppie!", schrie sie begeistert. „Das ist einfach saugut!" Sie riss sich ihr Fetzenkleid vom Leib, schaltete das Licht an und war verschwunden! Weg. Unsichtbar. Oder doch aufgelöst?
Doktor Frohmut spürte einen Windhauch. Offenbar flog sie dich an seinen Ohren vorbei. Er lachte erleichtert. Dann hörte er sie plötzlich aufgeregt rufen: „Tollistisch! Supergenialisch! Fantastomanisch!"
Einmal meinte er sogar, sie zupfte ihn an seinen Zöpfen und an seiner Pappnase.

„Eintausend Dank! Zweitausend Dank! Hunderttausend Dank!“, schmetterte sie in sein Ohr, als wäre er taub. Er fühlte, wie seine Hand gedrückt wurde.

„Wir sollten einen Test machen, um ganz sicher zu sein. Das heißt, zwei Tests. Hier, zieh dein Kostüm (Kostüm sagte er!) noch mal an!“

Er warf es in die Luft und schaltete gleichzeitig das Licht wieder aus. Und tatsächlich! Das Kostüm schwebte an der Decke und kurz darauf war Schreckauf darin zu sehen.

„Okay, das hat geklappt! Doch nun noch mal den Ernstfall. Zieh es wieder aus, dann mache ich die Rollläden hoch!“

Alle waren jetzt sehr aufgeregt. Denn Kuno und die Wassertiere hatten die Behandlung ebenfalls voller Spannung verfolgt und hielten die Flossen still. Das Fetzenkleid schwebte zu Boden. Schreckauf war nicht zu erkennen in dem Dunkel. Doktor Frohmut drückte einen Knopf. Die Rollos summten leise nach oben. Immer mehr Licht drang ins Behandlungszimmer. Schattenflecken tanzten auf dem Teppichboden, die von den Sonnenstrahlen und den Bäumen vor dem Fenster herkamen. Es war mittagshell und ganz still. Die Gespenster-Prinzessin war weder zu sehen noch zu hören.

Plötzlich plumpste das Futterschäufelchen ins Aquarium und im gleichen Moment brachte ein schauriges Gelächter die Wasser- und Luftwellen zum Zittern. So klang der Übermut einer Gespenster-Prinzessin, die das Spuken nun auch tagsüber genoss.

„Das klappt ja alles tadellos“, sagte der Doktor zufrieden, „und somit können wir dich als geheilt entlassen!“

Niemand konnte sehen, wie selig Schreckauf lächelte. Aber Doktor Frohmut spürte, wie sie nochmals seine Hand drückte und er hörte, wie sie rief: „Gleich nachher werde ich Emmi besuchen. Aber vorher muss ich noch bezahlen. Bloß wie?“

„Vielleicht kannst du dir angewöhnen, tagsüber vorwiegend als guter Geist herumzuschwirren und das Leute-Gruseln wieder auf die Nacht zu verlegen. Geh sorgfältig mit deiner Geisterkraft um. Jetzt hat man dir geholfen. Es gibt sicher jede Menge andere, denen du helfen kannst. Es wird dir was einfallen. Dein Gespensterkleid kannst du heute Nacht abholen. Ich lege es unter den Nussbaum im Garten.“

Er öffnete das Fenster und winkte irgendwohin. Nachdem alles ruhig blieb und ihn auch keine unsichtbaren Finger mehr zwickten, drückte er die Sprechtaste zum Wartezimmer. „Schick mir den nächsten Patienten, Susi, es geht weiter!“

Als er das Schäufelchen aus dem Wasserbecken fischte, war es ihm, als hätten Kunos Hände ein dünnes Schuppenkleid bekommen.

3. Juli, zwölf Uhr zehn

Jetzt sind wir eine Bande!

Susi betrat das Behandlungszimmer mit einem Teller in der Hand. „Wir haben im Moment keine weiteren Patienten. Erst morgen kommt der nächste Trupp." Sie sang die letzten Worte mit einer fröhlichen Melodie und hielt dem Doktor den Teller vor die Nase. „Probieren Sie mal, selbstgebackene Rosinen-Pfefferminz-Klöße!" Der Doktor schaute etwas zweifelnd auf die braunen Häufchen.

„Nur zu, das ist ein spezielles Energie-Rezept von meiner Tante Kichererbse. Außerdem brauchen Sie mal eine Pause! Es war ja wieder allerhand los heute Morgen!"

Das stimmte.

Beide schauten kauend aus dem Fenster auf die lustige Gesellschaft unter dem Nussbaum. Sie schienen gerade Fangen zu spielen mit der unsichtbaren Gespenster-Prinzessin.

„Ich hab' sie!", schrie Ted und hielt etwas fest in seiner Hand, was keiner sehen konnte.

„Du hast gewonnen", kicherte eine Stimme aus der Luft.

„Gewonnen haben wir alle", meinte Robbi ernst.

„Der Doktor hat doch jedem von uns geholfen. Kaum zu glauben, wie er das schafft!"

Alle nickten. „Ja, und deshalb macht Carlo ja nächste Woche ein Fest bei sich, dem Doktor und Susi zu Ehren."

„Und wir sind alle eingeladen, vergesst es nicht!", sagte Xaver dringlich.

„Wisst ihr was?“, meinte Ted. „Ich werde für interessante Getränke sorgen!“

„Ich werde ein Feuerwerk speien!“, sagte der kleine Drache.

„Ich werde Kunststücke auf dem Fahrrad vorführen!“, schlug Klara vor.

„Ich werde für gute Luft sorgen!“, lachte Paul und ließ eine Wolke Rosenduft aufsteigen.

„Und ich werde spuken, dass ihr eine Gänsehaut nach der anderen bekommt!“, quietschte eine Stimme aus dem Nichts.

„Ich werde mit Kuno einen Wassertanz vorbereiten!“, kicherte Robbi. „Da kommt er auch schon.“

Soeben erschienen Susi und der Doktor auf der Wiese. Sie trugen die rosa Kinderbadewanne, die sie unter dem Nussbaum absetzten. Alle Augenpaare – auch das der unsichtbaren Gespenster-Prinzessin – starrten wie hypnotisiert ins Wasser. Darin schwamm Kuno etwas beengt, aber äußerst vergnügt und platschte – tatsächlich – mit seinen FLOSSEN! Dazu sang er laut seinen Lieblings-Rap:

Aufgetatzt und hergesopft,
Angeminzt und vorgelopft.
Jetzt die Kiemen umgetrüllt
Und die Schuppen abgezüllt.
Nun die Räfte an die Klosen,
Schneller rapfen, rüpfen, mosen.
Dreimal bapf dich,
Schüpf dich,
Hipps.
Und zum Schluss ein tiefer Bipps!

An allen Flossenenden sah man noch fünf helle Punkte wie Fingernägel.
Die ganze Gesellschaft klatschte und johlte wilden Beifall, der nicht enden wollte. Diesmal galt er aber vor allem dem Doktor und natürlich auch Susi.
Irgendwann unterbrach der Doktor das Getöse und meinte, sie würden sich ja alle bald wiedersehen zwecks Bezahlung abarbeiten und Hausaufgaben in der Praxis erledigen. Ja, und zu Carlos Party würden sie natürlich gerne kommen.
„Wir werden eine Clownsnummer vorbereiten!“, kicherten die beiden.
Dann gingen sie zum Haus zurück.
Der Doktor, um die Fische zu füttern, den Schreibtisch und das Regal aufzuräumen und die Instrumente zu ordnen. Nachher würde er noch ein Stündchen in der Hängematte liegen und sich ausdenken, was wäre, wenn...
Susi, um die Sitzmöbel im Wartezimmer unschuldig aufzustellen, die Saftgläser zu waschen und die Fenster zu schließen.
Beide dachten: ‚Was für tolle Patienten wir doch heute wieder hatten! Und wer wohl morgen kommt?‘
Die seltsame Schar unter dem Nussbaum konnte und wollte sich einfach nicht trennen.
Jeder strahlte ganz entspannt nach den vielen Aufregungen und war glücklich über die gewonnene Heilung.
„Tja, und wie geht es jetzt weiter?“, fragte Klara schließlich. „Wir sind doch nun fast eine richtige Familie! Da kann man doch nicht einfach so weggehen?“
„Eine Familie mit Monster, Gespenst und Roboter!“, gluckste Robbi. „Na ja, auf jeden Fall halten wir alle

zusammen, das ist wohl klar!"
„Wie eine Bande!", rief Ted.
„Bei allem Schlamassel!", keckerte Schreckauf von oben aus dem Baum.
„Was ist Schlamassel?", fragte Xaver.
„Pech, Unglück, Durcheinander – alles, was so im Leben passiert!", erklärte Klara.
„Ihr meint, eine Bande?", fragte Paul.
„Weil wir zusammengehören", sagte Xaver fest.
„Und was machen wir dann zusammen?", fragte Kuno.
„Wir halten zusammen und finden immer eine Lösung bei allem Schlamassel!", lachte Schreckauf.
„Also sind wir die Schlamasselbande!", riefen alle wie aus einem Mund.
Fast ein wenig feierlich griffen sie sogleich nach ihren Händen – mit einer Lücke im Kreis – und Kuno streckte eine nachgewachsene Flosse aus der Wanne. Sie summten und lachten und trällerten. Und plötzlich – wie aus dem Nichts – entstand eine Melodie, ein Lied: der Schlamasselbanden-Rap! Kuno sang am lautesten, wobei er sein Maul aus dem Wasser hielt:

Wir sind 'ne tolle Bande, Bande,
Zu Wasser, Luft und Lande, Lande.
Und gibt es mal Schlamassel, Massel,
Dann ohne viel Gequassel, Quassel.

Packen wir es an, an, an,
Weil jeder etwas kann, kann, kann.
Experten sind wir und auch gut,
Es fehlt uns nicht an Mut, Mut, Mut.

Und hast du Pech und geht was schief,
Und sitzt du im Schlamassel tief,
Dann melde dich und ruf uns an, denn:
Wir sind ’ne tolle Bande, Bande,
Zu Wasser, Luft und Lande, Lande!

So ganz allmählich und mit sichtbar schwerem Herzen verzog sich die Patientenschar. Robbi und Ted schleppten die Badewanne mit Kuno hinunter zum Ulmensee. Hoch über ihren Köpfen schwebte Xaver. An seiner Pfote flatterte Paul wie ein zartes Wäschestück, eine letzte Rosenduftwolke zur Erde schickend. Sie plapperten munter durcheinander, wobei noch eine dritte, etwas schrille Stimme zu hören war. Zu sehen war allerdings niemand, dem die Stimme gehörte. Allen war natürlich klar, dass nur Schreckauf dahinterstecken konnte. Und Klara? Ted kniff die Augen zusammen. War es möglich, dass sie hoch oben bei Xaver, Paul und Schreckauf mitflog?

„Und wo ist unser nächstes Problem?“, schnaufte Robbi.

Alle lachten schallend.

Dabei sollte es gar nicht so lange dauern, bis das nächste Abenteuer auf sie wartete.

1. Auflage 1 ⁵ ⁴ ³ ² ¹ | 17 16 15 14 13

Autorin: Bettina Rinderle

Redaktion: Anneke Peters
Herstellung: Marion Krahmer

Illustrationen: Antje Bohnstedt, Bretten
Satz: Kassler Grafik-Design, Leipzig
Druck: AZ Druck- und Datentechnik, Kempten/Allgäu

Printed in Germany
ISBN 978-3-12-310495-4

9 783123 104954